SEGUNDA EDICION
MI GRANITO DE ARENA
para matrimonios

JOSÉ LUIS GAXIOLA

Primera edición: 2002
Av. De los Maestros #220
Col. Jardines de la montaña.
CP. 84063
Apdo. Postal #577. Tel. (631) 316-1375
Correo electrónico:
joseluisgaxiola62@hotmail.com
lacasadelalfarero_1974@hotmail.com
Página web:
www.lacasadelalfareronogales.com
Nogales, Sonora, México.

Segunda edición: Revisado y actualizado septiembre de 2021
Diseño de portada segunda edición: Josué Jiménez

«**Por la gracia de Dios soy lo que soy**». (**1ª Corintios 15:10**)

"La educación cuesta, pero la ignorancia cuesta más"
(Compre libros, y léalos)

"Si la educación te parece cara, prueba con la ignorancia"

"Cuando compras libros, no gastas dinero, lo inviertes"

"Si no leo "*me aburro*"

"La ignorancia es la madre de los fracasos"
¡Qué fea es la ignorancia!

"Lee poco y serás como muchos, lee mucho y serás como pocos"

«**Compra la sabiduría, la enseñanza y la inteligencia**». (**Proverbios 23:23**)

«**Mi pueblo fue destruido por falta de conocimiento**». (**Oseas 4:6**)

Agradecimientos

Una vez más quiero agradecer a mi querida esposa Lucy por su valiosa ayuda que siempre me da cada vez que escribo un nuevo libro. Lucy tus correcciones y críticas (aunque no me gusten) siempre han sido de mucha bendición para mi vida, te amo.
Agradezco también a las maestras (y mis ovejas) Rosario Orozco y Juanita Covarrubias, quienes me ayudaron bastante en la revisión de la primera edición del libro. Muchas gracias, queridas hermanas, seguramente las seguiré necesitando en el futuro, Dios les bendiga.

Agradezco a Jesús y Maribel Valdez por ayudarme en el diseño de interior e impresión de este libro. Son una gran bendición para mi ministerio. Agradezco a Josué Jiménez por el diseño de portada y a mi hija Raquel por la revisión de esta segunda edición del libro. Muchas gracias por convertirse en un gran equipo de trabajo. Dios les bendiga siempre.

Índice

Agradecimientos 5
Prólogo 9
Introducción 11

Capítulo 1. Los principios de Dios para los esposos 13

Capítulo 2. El liderazgo en el hogar 27

Capítulo 3. Explotando el potencial de nuestra esposa 35

Capítulo 4. Los principios de Dios para las esposas 41

Capítulo 5. La mujer virtuosa 47

Capítulo 6. El tercer doblez 51

Capítulo 7. La armonía en el matrimonio 59

Capítulo 8. El dar en el matrimonio 69

Capítulo 9. El aseo y el arreglo personal 75

Capítulo 10. Cuando el cónyuge no es salvo 83

Capítulo 11. El adulterio 93

Capítulo 12. Padres diligentes 111

Conclusión 125

Prólogo

En esta ocasión yo también quiero poner mi granito de arena para ayudar a los matrimonios; sé que es una pequeña contribución, que se une a la de todos los buenos escritores cristianos que nos han ayudado tanto en el caminar matrimonial. En lo personal he leído una gran cantidad de libros que van enfocados a la familia y he recibido grandes beneficios de ellos; gracias a Dios, contamos con muy buenos escritores y consejeros matrimoniales, pero como alguien dijo por ahí: "cada maestro tiene su propio librito". Creo que, en veintidós años de matrimonio, también tengo algo que aportar para el beneficio de las familias que vayan a leer este libro.

No quiero desanimarte, pero no hay libro en este mundo que nos ayude a terminar completamente con los problemas matrimoniales o familiares, pero cada buen libro es un grano de arena más, que nos ayuda a ser más sabios en nuestra vida familiar, y mi propósito es que, precisamente suceda eso, que tu vida matrimonial y familiar mejore, que un poco más de conocimiento te lleve a otra dimensión familiar.

> Mi pueblo fue destruido porque le faltó conocimiento. (Oseas 4:6)

> Con sabiduría se edificará la casa, y con prudencia se afirmará. (Proverbios 24:3)

> Donde no hay dirección sabia, caerá el pueblo (la familia); mas en la multitud de consejeros hay seguridad. (Proverbios 11:14)

> Los pensamientos son frustrados donde no hay consejo; mas en la multitud de consejeros se afirman. (Proverbios 15:22)

> Y en la multitud de consejeros está la victoria. (Proverbios 24:6)

Yo solo quiero unirme a esa multitud de consejeros que nos han bendecido con muy buenos libros, solo quiero contribuir con mi granito de arena.

Si ya empezaste a leer este libro, y no eres cristiano, yo te animo a que leas todo el libro, en él hay muchas cosas que pueden dar un giro importante a tu matrimonio y a tu vida misma.

Introducción

Estamos viviendo una época donde el divorcio y la desintegración familiar están haciendo estragos entre la humanidad y eso está trayendo mucho sufrimiento a las familias; el adulterio, practicado tanto por hombres como por mujeres, está a la orden del día; la moral está por los suelos, cada hogar está siendo bombardeado por la inmoralidad, quizás como nunca en la historia de la raza humana. No está respetando edades, sexo, ministros, etc.

Desde hace algunos años para acá he estado observando, cómo ha ido creciendo el porcentaje de divorcios en el mundo. Cuando recién empecé a investigar, el porcentaje de divorcios estaba como en el treinta por ciento, y ha ido incrementándose alarmantemente en los últimos quince años, hoy ya se habla del ochenta por ciento, o sea que, de diez parejas que se casan, ocho se están divorciando. Mientras la maldad de este mundo sigue aumentando, parece ser que la familia tiende a extinguirse, no solo eso, pero muchos jóvenes en la actualidad están optando por no casarse y vivir en unión libre solamente. Todo esto nos muestra como está el mundo el día de hoy y tal parece que no hay esperanza, pero ¡sí la hay!, la esperanza sigue siendo Cristo Jesús y su palabra.

En cada capítulo de este libro, tú vas a encontrar una gran cantidad de escrituras de la palabra de Dios que traerán dirección a tu matrimonio. Si tú las apropias a tu matrimonio, a tu familia, seguramente eso mantendrá tu hogar fuerte y saludable.

Una vez más voy a utilizar una escritura que la he usado en algunos de mis libros anteriores, y que siento emplearla una vez más en este tema, porque eso fortalecerá la esperanza de que tu matrimonio no tiene que perecer jamás.

> Cualquiera, pues, que me oye estas palabras, y las hace, le compararé a un hombre prudente, que edificó su casa (su matrimonio) sobre la roca.

> Descendió lluvia, y vinieron ríos, y soplaron vientos, y golpearon contra aquella casa; y no cayó, porque estaba fundada sobre la roca.
> Pero cualquiera que me oye estas palabras y no las hace, le compararé a un hombre insensato, que edificó su casa sobre la arena; y descendió lluvia, y vinieron ríos, y soplaron vientos, y dieron con ímpetu contra aquella casa; y cayó, y fue grande su ruina. (Mateo 7:24-27)

Nuestro matrimonio como cristianos no tiene que destruirse jamás, esto dependerá de nosotros mismos; nuestro éxito matrimonial está asegurado en Dios, pero está condicionado: necesitamos vivir nuestra vida matrimonial de acuerdo con la palabra de Dios y de acuerdo con las enseñanzas bíblicas. Si edificamos nuestro matrimonio en la roca que es Cristo (en su palabra), aunque vengan todo tipo de vientos en contra, nuestro matrimonio se mantendrá firme hasta la misma muerte. ¿Eso es lo que deseas? Yo te invito a que estudies con cuidado este libro y eso te ayudará bastante; aprovecha un grano de arena más que se te está poniendo en tus manos en estos momentos.

CAPÍTULO 1

Los principios de Dios para los esposos

Es necesario empezar con los hombres porque son los más valientes y los más aguantadores, así que amárrate el cinturón y agárrate bien de la silla.

Para que un matrimonio funcione bién, mucho dependerá del hombre; ¿por qué? Porque, es el líder del hogar; él ha sido nombrado por Dios, es la cabeza; por lo tanto, los hombres somos los líderes del hogar, el capitán del barco matrimonial, y si logramos ser buenos líderes, buenos capitanes, seguramente podremos llevar nuestro barco matrimonial a buen puerto, a un buen final; así que mucho depende de nosotros los hombres.

> Pero quiero que sepáis que Cristo es la cabeza de todo varón, y el varón es la cabeza de la mujer. (1ª Corintios 11:3)

¿Qué le hacemos mi hermano? Golpe dado ni Dios lo quita; no queda de otra, más que agarrar el toro por los cuernos, y como dicen los españoles: *"tirar para adelante"*. Aquí es donde el hombre necesita ser verdadero hombre, y la verdad, no es fácil, pero tampoco imposible. Dios nos ha dado una tarea, pero también nos ha dejado las instrucciones correctas en su palabra para que la llevemos a cabo.

MARIDOS TRATEN BIEN A SUS MUJERES

> Maridos, amad a vuestras mujeres y no seáis ásperos con ellas. (Colosenses 3:19)

Denles un buen trato, no sean ásperos con ellas.

Una vez leí un reportaje donde decía que Argentina y México son los países más machistas de todo Latinoamérica; ¿cómo la ven Hugo, Aris, Roberto y demás amigos argentinos? Bueno, de Argentina yo no sé mucho, pero de México sí. El machismo en nuestra nación ha causado muchos estragos en las familias mexicanas.

Es asombroso ver a parejas que mientras andan de novios, el hombre es todo dulzura para con su novia y en cuanto se casan, el hombre se transforma y se convierte en el dueño de su esposa, en el papá, en *el manda más*, etc. Esta es una mentalidad muy equivocada que hemos tenido muchos hombres y eso ha causado que muchas mujeres vivan sus vidas matrimoniales muy lastimadas y heridas, ¿Para qué queremos en nuestro hogar a una mujer con sus sentimientos todos dañados? ¿No necesitamos mejor a una verdadera amiga? Eso depende mucho del trato que le damos. ¿Pueden imaginarse la gran decepción que sufren la mayoría de las mujeres en el primer mes de casadas? De repente el hombre que ahora es su esposo se ha transformado y la está tratando muy diferente a como la trataba en el noviazgo.

El tratar bien o amar a tu esposa, es un principio divino, si lo pones por obra, este principio mantendrá fortalecido a tu matrimonio y el divorcio nunca tendrá que andar rondando tu hogar.

Cuando te hablo de amar a tu esposa, es algo más que solo tratarla bien, pero de esto iremos hablando más adelante; por el momento me estoy concentrando en el trato que le debemos dar a nuestra esposa, entender que nuestra esposa no es nuestra sirvienta o una esclava que compramos y que la factura es el acta de matrimonio que firmamos, tampoco es nuestra hija, *¡es nuestra esposa!*, es nuestra compañera y si somos cuidadosos, ella puede llegar a ser la mejor amiga de nosotros en esta vida, pero mucho dependerá del trato que le estemos dando.

Es importante que muy pronto te des cuenta de que la naturaleza de la mujer es muy diferente a la naturaleza de nosotros los hombres; mientras el hombre es rudo, fuerte, la mujer es frágil, no nada más en su cuerpo, pero también en sus sentimientos y emociones. Ella será más fácilmente lastimada en sus sentimientos, esa es su naturaleza. El apóstol Pedro lo entendía muy bien cuando escribió en 1ª Pedro 3:7 *"Vosotros, maridos, igualmente, vivid con ellas sabiamente, dando honor a la mujer como a vaso más frágil"*.

Dios puso en la mujer esta naturaleza y la verdad, yo en lo personal estoy contento con ello, no me hubiera gustado estar casado con una mujer con finta de hombre.

Si quieres tener un hogar feliz, empieza por darle a tu esposa un buen trato, usa palabras que la hagan sentir bien, solo acuérdate cómo la tratabas cuando andaban de novios, eso no tiene que terminar, tampoco estoy tratando de decirte que no va a haber enojos y pleitos, pero que los enojos y los pleitos sean la excepción, no el estilo de vida que estén viviendo diariamente.

La voluntad de Dios siempre ha sido que tratemos bien a nuestros semejantes, ¡cuánto más a nuestra compañera de vida!

En el capítulo doce de 1ª Reyes está la historia del rey Roboam, a quién el pueblo le pidió que los tratara mejor de como los había tratado su padre Salomón; Roboam fue y pidió consejo a los ancianos, y miremos el consejo de los ancianos sabios que habían estado con Salomón:

> Y ellos le hablaron diciendo: si tú fueres hoy siervo de este pueblo y lo sirvieres, y respondiéndoles buenas palabras les hablares, ellos te servirán para siempre. (1ª Reyes 12:7)

Aquí hay una enseñanza muy tremenda para nosotros los hombres casados: todo esposo que trate bien a su esposa tendrá en ella a una amiga, a una amante, a una mujer que será toda una bendición en todas las áreas de nuestras vidas.

La historia del rey Roboam terminó muy mal porque hizo todo lo contrario. No conforme con el consejo de los ancianos, fue y pidió consejo a sus camaradas, los cuales le dieron un consejo contrario al de los sabios ancianos; le aconsejaron que tratara mucho peor al pueblo que como los había tratado su padre y fue y lo hizo así y su reino se vino abajo.

Algo semejante les ha pasado a muchos hombres machistas, han perdido a buenas esposas y a buenos hijos porque nunca entendieron esta verdad divina de la que hoy estamos hablando.

En estos momentos estoy en la ciudad de México y estamos en tiempos de las olimpiadas en Sídney Australia. Paco Salinas y yo nos acabamos de enterar que la mexicana Soraya Jiménez ganó la medalla de oro en levantamiento de pesas; y le preguntaba a Paco: *"¿Cómo le iría a un machista mexicano casándose con una Soraya Jiménez?"* Creo que la pensaría dos veces antes de maltratarla. Me imagino a esta mujer agarrando a su esposo de uno de los pies y dándole vuelta hasta aventarlo lejos; no que sea maloso, pero sería divertido ver eso.

Vivimos en un mundo donde los grandes abusan de los chicos, donde los fuertes abusan de los débiles y donde los esposos abusan de sus esposas. El esposo ha abusado de su esposa porque es más fuerte físicamente; por eso grita, por eso humilla a su esposa delante de la gente, es un machismo que viene del mismo infierno, y por esa actitud, muchos hombres han empujado a sus matrimonios al fracaso, han amargado la existencia de la esposa y la de sus hijos.

Cosa curiosa, pero la mayoría de estos hombres machistas, a la hora de ir a la cama y pedir sexo, se convierten una vez más en aquel novio dulce y amoroso, casi vuelven loca a la esposa; la esposa solo se siente usada como si fuera una prostituta, o un poquito peor porque no le pagan después de satisfacer al ogro de su marido.

Hombre, ¿todavía estas ahí? ¿No has soltado el libro? ¡Qué bueno! Sigamos adelante.

Esposos, lean bien, el principio de Dios es este: amen a sus esposas y no sean ásperos con ellas. Trátala bien.

> Así que, todas las cosas que queráis que los hombres *(tu esposa)* hagan con vosotros, así también haced vosotros con ellos; porque esto es la ley y los profetas. (Mateo 7:12)

CONOCIENDO LA NATURALEZA DE LA MUJER

Quiero extenderme un poco más en esto, porque si no conocemos ampliamente la naturaleza de la mujer, nos vamos a frustrar un sinfín de veces. Muchas veces no vamos a entender a la mujer y eso ocasionará serios conflictos, conflictos que seguramente han llevado al divorcio a muchos matrimonios.

La naturaleza de la mujer es frágil

> Vosotros, maridos, igualmente, vivid con ellas sabiamente, dando honor a la mujer como a vaso más frágil, y como a coherederas de la gracia de la vida, para que vuestras oraciones no tengan estorbo. (1ª Pedro 3:7)

Una mamá dejó a su niño de cuatro años, encerrado en su casa mientras ella iba al mandado, y le aconsejó diciendo: "Si alguien toca la puerta, has la voz como de hombre grande y pregunta: ¿Quién toca la puerta? El niño se quedó emocionado y bien dispuesto a hacer la prueba. No pasó mucho tiempo cuando alguien llegó y tocó la puerta, inmediatamente el chiquillo se acordó de la recomendación de su mamá y gritó: *"¿Quen toca peta?"*

Aunque se esforzara por aparentar ser un hombre grande, simplemente era un niño y actuó como un niño.

Hay mujeres que tratan de aparentar rudeza y dureza, como que las pueden solas, pero la realidad es que son mujeres, con una naturaleza frágil; fueron creadas por Dios de una manera diferente a los hombres, por eso Dios no les dio el lugar de liderazgo en el hogar, ellas tienen otras funciones maravillosas en el hogar, pero no de liderazgo, fueron creadas con una naturaleza diferente y para labores diferentes.

Entonces, nosotros como hombres debemos conocer esa naturaleza diferente con la que fueron creadas, porque si no conocemos esa naturaleza frágil, vez tras vez nos daremos topes en la cabeza, y muchas serán nuestras frustraciones, y es ahí donde empezaremos a pensar: *"¡si tan solo me hubiera casado con esa hermana! (otra mujer)"*. *"¡Yo sería muy feliz si dejo a mi esposa y me caso con esa jovencita!"*, etc.

Si ya estás pensando de esa manera, te tengo una mala noticia: todas las mujeres fueron creadas con la misma naturaleza, todas tienen debilidades y fallas de carácter, y en cuanto a los órganos sexuales, todas tienen lo mismo.

Por tu propio bien y el de tu esposa y el de tus hijos, nunca debes permitir el pensamiento del divorcio en tu vida.

La mayoría de los fracasos en esta vida pueden sanar, pero un divorcio no, el divorcio te causa heridas a ti y a tu familia, que estarán ahí hasta que entren a la eternidad; en esta vida nunca sanan, por eso es por lo que el Señor Jesucristo fue tan duro encontra del divorcio.

Hombre, yo te invito mejor a que conozcas lo mejor que sea posible, la naturaleza de tu esposa y eso te ayudará mucho a llegar hasta el final de tu vida, junto con tu esposa y tus hijos.

Dios creó a la mujer con una naturaleza muy diferente que la de los hombres, y de esa naturaleza, ninguna mujer podrá escapar.

Muchas lesbianas han tratado de escapar de esa naturaleza y las vemos vestirse como hombres, y muchas de ellas logran una apariencia varonil, pero bien saben que siguen siendo unas mujeres frágiles, que mes tras mes tienen que reglar como cualquier mujer del mundo. Así como el Leopardo no se puede cambiar los preciosos colores de su piel, de la misma manera no hay mujer que pueda cambiar la naturaleza con la cual fue creada.

A la mujer también se le llama, el sexo débil y la razón es la misma, todos sabemos que su naturaleza es mucho mas frágil que la de los hombres.

Cuando se hundió el Titánic, la mayoría de las mujeres se salvaron, y fue principalmente porque los hombres les dieron prioridad, precisamente por su fragilidad. Esto es algo muy común en todos los accidentes, les dan más importancia a las mujeres, a los ancianos y a los niños; porque son los más frágiles.

Las mujeres son más frágiles, pero no estoy diciendo que son más ignorantes; ¡más frágiles solamente!

Si queremos evitar el fracaso matrimonial y llegar hasta el final de nuestra vida con la misma mujer, necesitamos ser sabios y conocer bien a nuestra mujer. Vivid con ellas sabiamente.

Definitivamente, necesitamos sabiduría para lograr vivir con la misma mujer toda la vida. ¿Cuántas veces el marido, todo frustrado le grita a su esposa: *"No te entiendo mujer, no te encuentro el lado"*, ¿etc.?

Hombres, ¡necesitamos sabiduría! Con este libro estoy tratando de poner mi granito de arena en tu matrimonio.

La mujer en su fragilidad es más afectada por Satanás y por las circunstancias de la vida. Esta es una cruda realidad. A nuestra esposa le afectan más que a nosotros, el diablo y las circunstancias difíciles de la vida.

Miremos el caso de Eva, Satanás se fue sobre ella, porque conocía la naturaleza de la mujer, y la afectó.

La mujer es más temerosa, más insegura que el hombre; le afectan más los problemas de la vida y si tú no entiendes eso, te vas a desesperar y te la vas a pasar regañándola todo el tiempo, y así mantendrás a una esposa lastimada e infeliz.

La mujer tiene menos dominio de las emociones, explota más fácil y llora mucho más que el hombre, esa es su naturaleza.

Cuando se le está acercando su menstruación y durante su menstruación tiene batallas emocionales, que simplemente no puede evitar; necesitan un poco de comprensión de parte nuestra, necesitamos entender que nosotros no tenemos ese problema, a nosotros no nos baja la regla, *¡y que ni nos baje!* Entonces, entendamos a nuestra esposa.

Cuando la mujer está embarazada, también vive una guerra emocional, pero, nomás ponte a pensar todo lo que involucra un embarazo, todo lo que sucede en una mujer durante esos nueve meses de embarazo; nosotros los hombres no tenemos ese problema, yo en lo personal me moriría en el primer parto, la mujer pasa cosas que nosotros no pasamos, necesitan amor y compresión de parte nuestra.

¿Qué diremos de la menopausia? Otra guerra de emociones y descontroles físicos, una vez más, el amor y la comprensión de parte nuestra hará la diferencia.

Los hijos vuelven loca más fácilmente a la madre que al padre, por lo mismo, por su fragilidad. Si tú no entiendes eso, nunca la vas a proteger de tus hijos adolescentes, quienes tienen una capacidad increíble para volver loca a la madre, de esto hablaré un poco más adelante.

A la mujer la afectan más los problemas financieros, los chismes que vienen en contra de ella o de su esposo e hijos. Todo esto y muchas cosas más le afectan más fácil a la mujer que al hombre, y es por eso por lo que explotan más fácil, lloran más, pelean más, etc. Y si no entiendes que es por su naturaleza frágil, te la llevarás peleando con ella y albergarás en tu mente la idea que con otra mujer serías muy feliz. Por eso vemos a hombres mayores, abandonando a la esposa y uniéndose a una jovencita, para despertar a la realidad de que ahí también están los mismos problemas y en ocasiones peores por las grandes diferencias de edad.

Todas las mujeres fueron creadas con la misma naturaleza frágil y con los mismos órganos sexuales; por eso Dios creo el matrimonio.

...Que el hombre deje a su padre y a su madre y se una a su mujer, y los dos serán una sola carne, y lo que Dios juntó, que no lo separe el hombre.

Encuentra a tu mujer y únete con ella para siempre, y ya no andes buscando en otras mujeres, lo que seguramente tu esposa tiene.

Quizás me preguntes: ¿De veras todas las mujeres tienen la misma naturaleza, con todas tendría prácticamente los mismos problemas? ¡Sí señor! ¿Desepcionante? ¡Cásate con un hombre! Nunca tendrás problemas con él en cuanto a la regla, los problemas del embarazo, la menopausia, las muchas lágrimas, etc. Yo prefiero seguir teniendo conmigo a la madre de mis hijos, a esa mujer femenina, con una piel suave y con unos órganos sexuales creados especialmente para mí, ¿cómo la ves? *Tratar a nuestra mujer con fragilidad es una clave muy importante para mantener la felicidad en nuestro matrimonio.* Si conoces la naturaleza de la mujer, la vas a mirar de una manera muy diferente, la vas a tratar diferente, al grado que sentirás carga por ella, y no nomás la tratarás bien, sino que siempre buscarás sabiduría para ayudarla.

Regresando a nuestro texto, la Biblia paráfrasis lo describe de esta manera: *"Esposos, cuiden a sus esposas, sean considerados con ellas"*.

Regresemos a Colosenses 3:19: *"Maridos, amad a vuestras mujeres, y no seáis ásperos con ellas"*.

El diccionario define la palabra áspero de la siguiente manera: recio, desabrido, rígido, riguroso; contrario a suave. No se la lleven regañándolas y tratándolas mal; conozcan su naturaleza y ayúdenlas, ámenlas, compréndalas.

¿Quieres ser feliz en tu matrimonio? Haz todo lo posible por hacer feliz a tu esposa, conoce su naturaleza y actúa conforme a ello. A la mujer le gusta que la traten bien, que le regalen flores, tarjetas de amor, que el esposo salga con ella a pasear, que sea romántico. Ellas son así, esa es su naturaleza.

A mí me pueden regalar un camión de flores y no me causa ningún efecto romántico, pero la mujer es diferente, ellas necesitan estas cosas para ser felices. En vez de estarle gritando siempre, ¿por qué mejor no le enseñas, la instruyes en algunas cosas que tú crees que son necesarias? ¿Por qué mejor no tomas tiempo con ella para exponerle tus ideas?

Si tratamos a nuestra mujer como el vaso frágil que es, seguramente tendremos en nuestro hogar a una mujer feliz, la cual hará por nosotros lo que ninguna otra mujer puede hacer; tendremos una esposa que nadie jamás podrá suplirla, ni siquiera la *miss universo*. Nuestra compañera nos dará todo lo que realmente necesitamos como hombres que somos. Pero una mujer que es maltratada, tarde o temprano se puede cansar y tomar una mala decisión. Si es que no se va o te deja por otro hombre, puede quedarse contigo para siempre, pero tendrás siempre a una mujer lastimada, con amargura y resentimiento en contra tuya, una mujer que nunca ha sido comprendida, a causa de la ignorancia de su marido.

Conociendo la naturaleza de la mujer.

EL FALSO CONCEPTO QUE ESPOSOS TIENEN DE SUS ESPOSAS

Muchas veces el hombre cae en un espíritu de superioridad, ve a la mujer como algo inferior, como algo menos importante que él; otros hombres han caído tan bajo en esto que dan un mejor lugar a los hijos que a su misma esposa, hombres orgullosos que se creen muy sabios, y a sus esposas las miran como si fueran ignorantes, no las bajan de tontas. Hay hombres con esta actitud y no aprecian a sus esposas, por eso no les compran cosas que les haga más fácil el trabajo en el hogar, no se preocupan por evitarles trabajos forzosos, pero, todo porque miran a su mujer como un ser inferior.

A los comunistas siempre se les ha conocido por sus regímenes duros que no les importa mucho los derechos humanos, tristemente así son una gran cantidad de esposos con sus compañeras de vida.

Alguien dijo: *La mujer no fue sacada de la cabeza para que fuera líder, pero tampoco fue sacada de los pies para que fuera pisoteada por el hombre, sino que fue sacada de la costilla para que fuera su compañera.* ¡Qué tremendo que todo hombre casado entendiera esta verdad!

> Mi amado habló y me dijo: levántate, oh, <u>amiga mía</u> hermosa mía, y ven. (Cantares 2:10)

> He aquí, que tú eres hermosa <u>amiga mía.</u> (Cantares 4:1)

Esta debe de ser la forma en la que todo esposo debe de mirar a su mujer, como una amiga, como una compañera.

Los hijos un día crecerán, se casarán y se quedará una vez más el matrimonio solo, una vez más solo tú y tu esposa, y para ese entonces, ¿cómo estará tu relación con tu esposa? Muchas esposas al ver que se van a quedar solas una vez más con el abusivo de su marido han preferido irse y buscarle por otro lado, y muchos maridos al termino de sus vidas (o quizás a la mitad) han quedado totalmente solos.

Pero si desarrollaron una buena amistad, se gozarán juntos hasta la muerte.

¿Nunca has escuchado casos donde se muere un cónyuge y al poco tiempo muere el otro, a causa de la tristeza? Fue por la amistad que desarrollaron en todo el tiempo de su matrimonio.

La esposa es la mejor amiga que podemos tener en esta vida mi amigo, la mejor compañera, aunque la veas con todos los errores que tiene, solo examina los tuyos y te darás cuenta de que realmente no eres mejor que tu esposa; si eres sincero contigo mismo, mirarás en ti graves errores y malas tendencias, pero aun así tu mujer te ama y ella quiere seguir viviendo contigo.

AMA A TU ESPOSA COMO A TU PROPIO CUERPO

> Así también los maridos deben amar a sus mujeres como a sus mismos cuerpos. El que ama a su mujer, así mismo se ama. Porque nadie aborreció jamás a su propia carne, sino que la sustenta y la cuida, como también Cristo a la iglesia. (Efesios 5:28-29)

Aquí es donde el egoísmo de nosotros los hombres causa mucho daño a nuestro matrimonio, aprovechándonos una vez más de nuestra fuerza, siempre nos ponemos en primer lugar y a nuestra querida vieja, al último, después, mañana, etc. Esto también daña mucho la relación matrimonial.

Por ejemplo: ¿el hombre necesita ropa? La compra rápido. ¿La mujer necesita ropa? El esposo le avienta una cantidad de excusas profesionales y *"espirituales"* donde a la mujer no le queda otra mas que esperar. ¿Al esposo le duele una muela? Inmediatamente hay que ir con el médico; ¿La muela le duele a su esposa? El esposo le dice: ¿Por qué no oramos al Señor querida? Llega el día de las madres, el esposo le da un regalo de $500 a su madre y a su esposa le da $100 para que le regale a su mamá.

Así como estos ejemplos, hay muchos más que salen a relucir en el caminar matrimonial, donde el egoísmo en el hombre va poco a poco causando daño a su matrimonio y así dañando su relación con su preciosa esposa.

Esposos que no se preocupan por las necesidades de sus esposas, ahí tienen a sus esposas sin lavadora, sin una buena plancha, sin algunos artículos de la cocina que les haría el trabajo más fácil, etc., pero ¡que no le falte nada al carro (su otra mujer) porque rápido lo compra! ¡Que no le falte algo a él, que no le duela algo a él, porque rápido actúa!

Esposos que no se preocupan por los sentimientos y por las emociones de sus esposas. Hay cosas que a la mujer las hacen sentir bien y también hay cosas que a la mujer la hacen sentir mal, y como esposos poco a poco vamos descubriendo esos sentimientos y esas emociones en nuestra mujer. Cuando un hombre ama a su esposa, siempre tendrá cuidado de no hacer cosas que afectan emocionalmente a su esposa y a la vez, siempre tendrá cuidado de hacer cosas que la estimulen emocionalmente, como regalarle flores continuamente, (hasta la fecha, yo no entiendo que les hallan a las flores la mayoría de las mujeres, ¡pero les gustan!). Ya le he regalado tantas a mi esposa, que a mí también me están gustando.

Mi pastor, el hermano Heriberto Lapizco y yo estuvimos predicando en el precioso país de Holanda en mayo pasado, y una de las cosas que más me gustó de ese pais, fueron sus tantas variedades de flores; le decía yo al pastor Franklin Maduro: si ustedes no les regalan flores a sus esposas, es porque de a tiro ustedes andan muy mal.

Hablarle palabras cariñosas en público, regalarle tarjetas, festejar sus cumpleaños, etc. Hay muchas cosas que a la esposa le dan para arriba, y un esposo que la ama, tendrá siempre el cuidado de ello.

Quizás necesites dejar de pensar tanto en ti mismo y despertar a la realidad, de que ahora estas casado, y de que hay una mujer a tu lado, que prácticamente te ha entregado su vida, y tú no le estás respondiendo de la misma manera.

> No mirando cada uno por lo suyo propio, sino cada cual también por lo de los otros. (Filipenses 2:4)

No pienses solamente en ti; ahora tienes una esposa, necesitas ensancharte en tu corazón y en tu vida.

Si no amas a tu esposa, estas en problemas con Dios

Si no tratas bien a tu esposa, si no la amas como a tu propio cuerpo, entonces estas en graves aprietos con tu creador.

> Vosotros, maridos, igualmente, vivid con ellas sabiamente, dando honor a la mujer como a vaso mas frágil, y como coherederas de la gracia de la vida, <u>para que vuestras oraciones no tengan estorbo.</u> (1ª Pedro 3:7)

Esposo, ¿puedes imaginarte a Dios enojado contigo por el trato que le das a tu esposa? ¿Cuántas cosas necesitas de Dios personalmente y que se las pides en oración? Qué triste que vivas como los profetas de Baal clamando a su Dios todo el día y Elías riéndose de ellos porque no había respuesta; y si eres pastor ¡tantito peor! Si tú no amas a tu esposa o la tratas con la punta del pie, Dios no tiene ningún compromiso contigo. Para que vuestras oraciones no tengan estorbo.

> Y esta otra vez haréis cubrir el altar de Jehová de lagrimas, de llanto, y de clamor; <u>así que no miraré más la ofrenda, para aceptarla con gusto de vuestra mano.</u> Mas diréis: ¿Por qué? Porque Jehová ha atestiguado entre ti y la mujer de tu juventud, contra la cual has sido desleal, siendo ella tu compañera, y la mujer de tu pacto. ¿No hizo el uno, habiendo en él abundancia de espíritu? ¿Y por qué uno? Porque buscaba una descendencia para Dios. Guardaos, pues, en vuestro espíritu, y no seáis desleales para con la mujer de vuestra juventud. (Malaquías 2:13-15)

No cabe la menor duda de que el trato a tu esposa repercutirá en tu relación con Dios, para bien o para mal, según el trato que le estés dando a tu mujer.

CAPÍTULO 2

El liderazgo en el hogar

> Pero quiero que sepáis que Cristo es la cabeza de todo varón, y el varón es la cabeza de la mujer, y Dios la cabeza de Cristo.
> (1ª Corintios 11:3)

No hace mucho, en el estado de Michoacán hubo una tragedia automovilística donde murieron 17 personas; se descubrió que el chofer del autobús de pasajeros era un joven sin experiencia y por una imprudencia de él, murieron tantas personas en un instante.

Esta misma tragedia, pero de otra manera, la estoy viendo en muchos hogares el día de hoy; muchas familias viven en constantes crisis, porque el líder, el dirigente, el capitán de ese barco, el chofer de ese autobús de pasajeros no tiene la suficiente sabiduría o experiencia para dirigir ese hogar.

Desgraciadamente, la mayoría de las personas que nos casamos, nunca nos preparamos para el matrimonio, y si pasan los años, y seguimos sin prepararnos, llevaremos una vida familiar muy conflictiva.

Muchos de nosotros, hombres, ya descubrimos que con el machismo irracional no se dirige sabiamente a una familia, estamos viviendo una época de tremenda crisis familiar.

Problemas entre la pareja, con los hijos, en la economía, etc. Hoy más que nunca hay una urgencia de líderes familiares sabios, hoy más que nunca se están necesitando buenos capitanes para dirigir el barco de la familia a buen puerto.

DIOS NOMBRÓ AL HOMBRE COMO LÍDER DEL HOGAR

Me gustó una declaración que el pastor Luis del Real hizo aquí en Los Mochis en un discipulado para hombres. Él nos decía a los hombres, que a nosotros se nos habían dado dos cosas que nosotros no habíamos pedido, que no habíamos escogido: ser hombres y ser líderes del hogar. ¡Es cierto! Nosotros no escogimos ninguna de las dos cosas, pero Dios nos las dio, ¿qué le vamos a hacer? Al menos que hagamos lo que muchos hombres están haciendo el día de hoy que están caminando como mujer, se visten como mujer, hablan como mujer, se pintan como mujer, pero ¡*son hombres!* Hombres afeminados, pero hombres. Aunque se operen su miembro viril, nunca podrán dejar de ser hombres, porque Dios los hizo hombres y como hombres casados, Dios nos dio la responsabilidad de liderazgo en el hogar. *"Y el varón es la cabeza de la mujer"*.

> A la mujer le dijo: multiplicaré en gran manera los dolores en tus preñeces; con dolor darás a luz los hijos; y tu deseo será para tu marido, y él se enseñoreará de ti. (Genesis 3:16)

La Biblia paráfrasis lo dice de esta manera: *"desearás el amor de tu marido, y él será tu dueño"*.

Aparentemente se oye bonito para los hombres, pero esto encierra una gran responsabilidad que Dios nos dio a los hombres casados.

No fuimos nombrados líderes del hogar para hacer y deshacer con nuestra esposa, o para que abusemos de ese poder que da el liderazgo y usar hasta la fuerza física con ella y así convertirnos en el terror del hogar. Si quieres ser feliz y tener un hogar feliz, tener un pequeño cielo aquí en la tierra, nunca lo lograrás con tu abuso de poder.

Al nombrarnos líderes de nuestra familia, Dios nos hace capitán del barco, gerente de la tienda, nos hace responsables de que llevemos a nuestra familia hacia un buen final.

Desgraciadamente estamos viviendo una época donde muchos hombres, de una manera irresponsable y poco varonil se están haciendo a un lado y es por eso por lo que muchas esposas se han tenido que hacer cargo del hogar; se han tenido que encargar de muchas cosas que le corresponde al hombre. Estamos viviendo una crisis de liderazgo en el hogar y eso trae a muchas familias como un barco sin capitán en altamar.

Ser líder del hogar conlleva algunas responsabilidades tales como las que hablaremos a continuación.

El líder provee lo económico y lo material

Yo aprecio a mujeres casadas que trabajan y ayudan en gran manera en el gasto de la familia, pero la mayoría de las veces, el hombre se recarga en ello y empieza a sufrir un daño en su carácter, allá en lo más profundo de él, algo del liderazgo se pierde, ¿por qué? Porque Dios nunca planeó que la mujer supliera las necesidades económicas y materiales de la familia, la mujer fue creada para atender a su esposo, su casa y criar a sus hijos.

Esta mentalidad bíblica ha traído a mi hogar grandes beneficios. En estos 22 años de casados, hemos vivido un proceso maravilloso, a mi esposa nunca le he permitido trabajar. Al inicio de mi matrimonio había mucha escasez, pero nunca nos ocasionó problemas porque éramos muy felices, nos teníamos el uno al otro, unos cuantos muebles y, por si fuera poco, Dios nos bendijo pronto con un hijo y después con una hija; las necesidades iban creciendo y eso a mí me iba empujando a ser un mejor trabajador, y con la excelencia en el trabajo y mi fidelidad a Dios con mis diezmos y ofrendas las bendiciones empezaron a caer una tras otra. Hoy las cosas son muy diferentes, además, en mí se fue creando una ética por el trabajo, un sentido de responsabilidad; mi esposa y mis hijos siempre han sido una motivación para que yo le eche ganas a mi trabajo. Hoy prácticamente tengo cuatro trabajos, cuatro fuentes de ingresos: pastoreo la preciosa iglesia de Los Mochis, hago labor de evangelista, grabo cassettes de música y escribo libros. Así que mi querida Lucy nunca ha tenido la necesidad de trabajar. ¿Para qué quiere más trabajo que atenderme a mí, criar a nuestros hijos, mantener en orden la casa y por si fuera poco ser mi secretaria?

Yo tengo en la iglesia que pastoreo a buenas mujeres casadas que trabajan y que son muy generosas con la obra de Dios, pero preferiría que ellas se dieran a su esposo y a sus hijos antes que tener más bienes materiales, de todas maneras, si sus esposos son buenos trabajadores y si son fieles a Dios con sus finanzas, Dios mismo va a bendecir poco a poco a toda la familia, la última palabra la tiene cada esposo.

> Y al hombre dijo: por cuanto obedeciste a la voz de tu mujer, y comiste del árbol de que te mandé diciendo: no comerás de él; maldita será la tierra por tu causa; con dolor comerás de ella todos los días de tu vida. Espinos y cardos te producirá, y comerás plantas del campo. Con el sudor de tu rostro comerás el pan hasta que vuelvas a la tierra. (Genesis 3:17-19)

México tiene a mucha gente pobre y no todo es culpa de los malos gobiernos que hemos tenido, hay mucho mexicano flojo, negligente en sus trabajos, faltos de deseos por vivir una vida bendecida; nuestra nación tiene a muchos mexicanos conformistas y mantienen a sus familias en un mundo de necesidades.

Muchos viven hundidos en los vicios y es triste cuando vemos a cristianos con esta misma mentalidad, conformistas, despreocupados, les vale gorro la vida; el problema es que también arrastran a su familia, la esposa y los hijos también pagan el pato.

> Porque si alguno no provee para los suyos, y mayormente para los de su casa, ha negado la fe, y es peor que un incrédulo. (1ª Timoteo 5:8)

Muchos hogares viven en mucha necesidad económica, simplemente porque el líder no es un hombre que tiene un valor hacia el trabajo.

En este tiempo de crisis, muchos hombres se están doblando, están dándose por vencidos, están bajando la guardia; pero yo quiero decirles a los hombres cristianos que están casados, que Dios todavía está vivo y está presto para ayudarnos, él sigue siendo Emanuél: Dios con nosotros. Él puede ayudarte y te puede convertir en un trabajador excelente.

> ¿Has visto hombre solícito en su trabajo? Delante de los reyes estará; no estará delante de los de baja condición. (Proverbios 22:29)

El líder provee lo económico y lo material.

El líder dirige espiritualmente a la familia

Alguien llamó acertadamente a los esposos sacerdotes del hogar.

Nuestro texto dice: *y el varón es la cabeza de la mujer.*

La cabeza es para dirigir y el esposo también tiene la responsabilidad de dirigir espiritualmente a su familia. ¿Verdad que no nomás es ser el jefe o el que manda? Toda familia necesita guía espiritual.

Muchos hombres cristianos están fallando en esta área y le están dejando a su esposa solamente esta responsabilidad, yo creo firmemente que en esta área la esposa es de gran ayuda, pero no es la principal responsable, ella no es la líder de la familia, sino el hombre y como tal debe dirigir espiritualmente a la familia.

Muchos hombres no están siendo ese guía espiritual, porque ellos mismos no son espirituales, no así Josué, ese hombre de Dios que llevó a su familia y a todo el pueblo de Dios a tomar la tierra prometida, él declaró unas palabras que el día de hoy siguen haciendo un efecto positivo entre el pueblo de Dios:

> Mi casa y yo serviremos a Jehová. (Josué 24:15)

Josué llevaba la delantera en su hogar, la delantera espiritual.

Es el hombre el principal que debe ministrar y motivar a la esposa y a los hijos, para que a cada día hagan mejores decisiones para Dios. Desgraciadamente muchas veces se mira lo contrario, es la mujer la que está empujando al esposo a ser fiel a Dios, es la mujer la que lo está empujando a que vaya a la oración, a que diezme, a que no falle a los servicios, a que lea la Biblia, etc. Aquí se mira una clara falta de liderazgo en el hogar.

Lo mismo debe ser en cuanto a los hijos, la madre nunca tendrá la capacidad de liderazgo que Dios solo dio a los hombres, menos cuando los hijos ya son adolescentes, los hijos siempre necesitarán a un padre que sea un buen líder espiritual para ellos.

En la Biblia tenemos la triste historia del sacerdote Elí, era el sacerdote de la nación, pero fue todo un fracaso como padre, como líder espiritual para sus hijos.

> Y los hijos de Elí eran hombres impíos, y no tenían conocimiento de Jehová. (1ª Samuel 2:12)

Elí, parece ser que no se preocupó por influenciar a sus hijos con la palabra de Dios.

> ¿Por que habéis hollado mis sacrificios y mis ofrendas, que yo mandé ofrecer en el tabernáculo; <u>y has honrado a tus hijos más que a mí,</u> *(¡que grueso!)* engordandoos de lo principal

de todas las ofrendas de mi pueblo Israel? (1ª Samuel 2:29)

Y le mostraré que yo juzgaré su casa para siempre, por la iniquidad que él sabe; porque sus hijos han blasfemado a Dios, <u>y él no los ha estorbado.</u> (1ª Samuel 3:13)

Un líder del hogar tiene que estar velando por la salud espiritual de su esposa y de sus hijos. ¿Cómo está la relación de ellos con Dios? ¿Cómo están sus vidas de oración, la lectura de la palabra y de buenos libros cristianos?

Esta responsabilidad es del líder, de la cabeza, del capitán del barco; no nada más, es decir: ¡Aquí yo mando! Esa mentalidad mantiene a la familia en un total desastre espiritual.

Más adelante tocaremos otros puntos del liderazgo del hombre y sus responsabilidades como tal.

CAPÍTULO 3

Explotando el potencial de nuestra esposa

> Mejores son dos que uno; porque tienen mejor paga de su trabajo. Porque si cayeren, el uno levantará a su compañero; pero ¡ay del solo! Que cuando cayere, no habrá segundo que lo levante. También si dos durmieren juntos, se calentarán mutuamente; mas ¿cómo se calentará uno solo? Y si alguno prevaleciere contra uno, dos le resistirán; y cordón de tres dobleces no se rompe pronto. (Eclesiastés 4:9-12)

Aquí hay una revelación para nosotros los hombres casados: si queremos que nuestro matrimonio dure hasta el final de nuestros días, necesitaremos poner mucha atención a las enseñanzas Bíblicas. Vamos a ver los nombres que les han puesto a los diferentes aniversarios del matrimonio.

1 año: bodas de papel.
2 años: bodas de algodón.
3 años: bodas de cuero.
4 años: bodas de ceda.
5 años: bodas de madera.
6 años: bodas de hierro.
7 años: bodas de lana.
8 años: bodas de bronce.
9 años: bodas de barro.
10 años: bodas de lata.

13 años: bodas de encaje.
15 años: bodas de cristal.
20 años: bodas de porcelana.
25 años: bodas de plata.
30 años: bodas de perlas.
35 años: bodas de coral.
40 años: bodas de rubí.
45 años: bodas de zafiro.
50 años: bodas de oro.
55 años: bodas de esmeralda.
60 años: bodas de diamantes.
75 años: bodas de brillantes.

Estamos viviendo un tiempo de tanta maldad, donde los matrimonios a cada día tienen menos esperanza de durar hasta que la muerte los separe; ahora hasta con burla algunos hombres dicen: Hasta que la otra nos separe.

En el Señor las cosas pueden ser totalmente diferentes, solo necesitamos agarrarnos seriamente de las enseñanzas de la palabra de Dios y yo creo que sí podemos llegar hasta el final de nuestras vidas con el mismo cónyuge; creo que en Dios todas las parejas podemos tener un buen destino y final.

MEJORES SON DOS QUE UNO

Si cae uno, el otro lo levanta, si dos duermen juntos, se calentarán mutuamente, si alguien más ataca a alguno de los dos, los dos juntos le resistirán mejor; pero ¡Ay del solo!

Las palabras que les decimos a las parejas que estamos casando son las siguientes: *El amor hace que las cargas sean más ligeras porque se las dividen; hace que los gozos sean más intensos porque los comparten, los hace más fuertes para extenderse e involucrarse en la vida, en forma que nunca lo harían si estuvieran solos.*

Nuestro texto nos está hablando de los grandes beneficios que recibimos cuando tenemos a alguien más con nosotros y esto es algo que muchos hombres no han captado, el machismo irracional los tiene cegados y no están aprovechando el potencial único que tiene la esposa; hombres que no están aprovechando la ventaja de tener con ellos a otro cerebro que tiene otras capacidades.

Si tú eres un hombre que lo único que estás utilizando de tu esposa o que para lo único que la estás utilizando es para tener sexo, para que te de comida y te lave y te planche y atienda a tus hijos, creo que estás desaprovechando un cerebro, la esposa (te guste o no) tiene una capacidad intelectual propia que Dios le dio.

> Y dijo Jehová Dios: no es bueno que el hombre esté solo; le haré ayuda idónea para él. (Génesis 2:18)

Es bueno que entiendas que tu esposa tiene capacidad, no nomás para lavar, planchar, dar comida, atender a los hijos y tener sexo; ella tiene un cerebro con capacidad intelectual propia.

Los consejos y las opiniones de mi esposa cómo me han evitado errores en la vida. La verdad, si yo he llegado tan lejos en mi vida, mucho lo debo a que hice a un lado el machismo mexicano y decidí explotar el cerebro de mi esposa y me he dado cuenta de que verdaderamente dos pueden mejor que uno.

Muchas veces he tenido que decir esto en público, porque la mayoría de la gente solo oye de José Luis Gaxiola y solo conocen a José Luis Gaxiola, pero detrás de José Luis Gaxiola ha estado siempre mi querida Lucy, sus opiniones y consejos han sido claves para mi vida en muchas ocasiones.

Aprendiendo a escuchar a nuestra esposa

Muchos hombres tienen terror de que les digan mandilones y a causa de ello no permiten a sus mujeres que den opiniones, ¡menos les permiten que les den consejos! Pero esta es una ignorancia aguda en muchos hombres. Si este es tu problema, estás desperdiciando un cerebro y a causa de ello, te vas a equivocar más de la cuenta, vas a hacer más malas decisiones en la vida y por supuesto, tu querida esposa se va a enterar (para tu propia vergüenza).

El hombre, para que le vaya bien en la vida, tiene que aprender muchas cosas, tiene que aprender a estudiar, a trabajar, la puntualidad, la disciplina, etc., pero entre todo, también tiene que aprender a escuchar a su mujer.

Mi asistente, el pastor Víctor Carrillo, me prestó una revista de selecciones, donde viene un extracto de la vida de Winston Churchill; me impresionó el darme cuenta como este hombre llegó a ser un primer ministro de Inglaterra muy querido, muy apreciado por su nación; por donde sea que iba era vitoreado por sus conciudadanos; y no nomás causó un impacto en su nación, pero en el mundo entero se le conoció como un gran líder que ayudó en gran manera a detener la segunda guerra mundial. Al estar leyendo su historia descubro que una de las cualidades principales que tenía este hombre, era que sabía escuchar a su adorable Clementine, su querida esposa; y los consejos, las opiniones de su esposa le ayudaron en gran manera en todo lo que él logró en esta vida, ¡y él reconocía eso!

¡Qué cada hombre casado pudiera captar esta verdad!

Si tú miras a tu esposa como a una compañera de la vida, no tendrás muchos problemas para escuchar sus opiniones y aun sus consejos, pero si la miras como a una tonta, como a un ser inferior, estás destinado a disfrutar a medias tu vida familiar, y por supuesto, tu esposa y tus hijos también pagarán las consecuencias de tu ignorancia.

En 1ª Samuel 25 tenemos la triste historia del machista, testarudo y necio de Nabal y su hermosa y sabia esposa Abigail. Te recomiendo que leas detenidamente todo el capítulo. Este hombre era conocido por un hombre que no escuchaba consejos de su mujer, por un hombre abusivo y necio; el hombre machista perdió la vida, mientras que su sabia esposa terminó siendo la esposa de otro hombre: el rey David.

En una ocasión, Dios le ordenó a Abraham a que escuchara a su mujer.

> Entonces dijo Dios a Abraham: no te parezca grave a causa del muchacho y de tu sierva; en todo lo que te dijere Sara (en este problema) <u>oye su voz</u>, porque en Isaac te será llamada descendencia. (Génesis 21:12)

Pilato fue advertido por su mujer, para que no mandara a la cruz al Señor, pero parece ser que a Pilato le entró por un oído y le salió por otro el consejo de su mujer y la tradición nos dice que Pilato termino loco, lavándose las manos el resto de su vida.

> Y estando él sentado en el tribunal, su mujer le mandó decir: no tengas nada que ver con ese justo; porque hoy he padecido mucho en sueños por causa de él. (Mateo 27:19)

Si tu eres un hombre que constantemente estás callando a tu mujer; va a llegar el día donde ella simplemente ya no te dirá nada; tú quedarás muy contento con tu machismo, pero habrás perdido un cerebro extra que Dios te regaló.

Recuerda que nadie más te conoce tan bien como tu esposa, ¡ni siquiera tu madre! Hay cosas que ni tu pastor te diría, pero tu esposa sí.

Tu esposa te dirá: no es bueno que hagas esa compra. ¡Pero tú estás sumamente emocionado! No debiste de haber dicho eso, te estás saliendo con tu comportamiento, no nos estás dando tiempo a los niños y a mí, etc. Por algo la llaman la media naranja.

En ocasiones tu esposa te dirá cosas, que es mejor que le pongas atención, aunque se te haga raro, no hagas a un lado rápidamente las sugerencias que te da tu esposa, piénsala bien antes de rechazarla; si después de pensarla bien, consideras que no es correcto lo que ella te dijo (porque no todo lo que dice la esposa es correcto) entonces toma tu propia decisión y te aseguro que te equivocarás menos en la vida, acertarás más en las decisiones, porque ya no es solo un cerebro, ¡ahora son dos! Y dos pueden más que uno.

Algo que tenemos que entender los hombres, es que la mujer tiene su propia capacidad, su propia sabiduría; ella tiene cosas que el esposo no tiene; lo que a nosotros nos falta, a ellas les sobra; muchas veces ellas miran peligros que nosotros no miramos.

Tu esposa te puede ayudar en áreas de la vida donde nadie más te puede ayudar; aprecia la capacidad de tu esposa y explótala.

Cada cónyuge es como un ángel con una sola ala, y cuando se juntan, pueden volar muy alto.

Muchos hombres que han llegado a tener muchos logros en la vida, en gran parte se ha debido a que han sabido explotar el potencial de su mujer.

Detrás de cada gran hombre, hay una gran mujer.

CAPÍTULO 4

Los principios de Dios para las esposas

> Las casadas estén sujetas a sus propios maridos, como al Señor; porque el marido es cabeza de la mujer, así como Cristo es cabeza de la iglesia, la cual es su cuerpo, él es su Salvador. Así que, como la iglesia está sujeta a Cristo, así también las casadas lo estén a sus maridos en todo. (Efesios 5:22-24)

CASADAS SUJÉTENSE A SUS MARIDOS

Ésta siempre ha sido una lucha terrible en la mayoría de las mujeres, y no es fácil; yo creo que, si ese papel nos hubiera tocado a nosotros los hombres, estuviera más difícil todavía, pero este es el papel que Dios les dio a las mujeres; cuando una mujer se resiste, no llegará muy lejos en su matrimonio.

En el hogar no puede haber dos cabezas, cualquier cosa que tenga más de una cabeza, ya suena a monstruo. Dios escogió al hombre para que fuera la cabeza. Ya traté con el hombre en el capítulo anterior, así que ahora vamos con las damas; así que mi querida dama, no suelte el libro y permita que Dios trate también con usted, porque usted también es una pieza clave para el éxito de su matrimonio.

Para empezar, necesita aceptar a su marido como la cabeza de su hogar; yo no sé que concepto tenga usted de él, pero Dios dice que él es la cabeza, ¿cómo la ve? Es un principio divino que la mujer se someta a su marido, que la mujer tenga en esta vida, como su principal autoridad a su esposo; así que en el momento donde usted se casa, ya no está soltera. ¡Qué revelación! Lo que quiero decirle, es que usted ya no se manda sola, ya no puede hacer lo que se le ocurra: irse a donde quiera, comprar lo que quiera, etc. Ahora está casada y como tal necesita tomar en cuenta a su esposo para la mayoría de las cosas que usted hace; si aprende esta lección, ayudará mucho al buen funcionamiento de su matrimonio.

Una mujer rebelde nunca tendrá un matrimonio feliz

El movimiento feminista que se ha desatado en los últimos años ha destruido a muchos matrimonios, porque ha influenciado severamente a muchas mujeres casadas que quieren seguir viviendo como si estuvieran solteras.

Así como se habla de los hombres machistas, también se habla mucho de las mujeres mulas; cuando una mujer se *enmula*, ¡sálvese quien pueda! Las mulas se han conocido por animales tercas, rebeldes, que nada las mueve.

Yo miro a mujeres ya casadas, mayores de edad, pero muy niñas en su manera de ser; hay matrimonios donde se mira al esposo como si fuera el papá y a la esposa como si fuera la hija mayor, ¿por qué? Porque la esposa es una niña mula que se porta como tal: son rebeldes, desobedientes, no cooperan muy fácil, etc. Mujeres así han destruido muchos matrimonios.

> La mujer sabia edifica su casa; mas la necia con sus manos la derriba. (Proverbios 14:1)

> La mujer virtuosa es corona de su marido; mas la mala, como carcoma en sus huesos. (Proverbios 12:4)

¿Qué clase de esposa es usted? ¿Una esposa madura e inteligente o una niña mula que no ha crecido? La mujer necia derriba su casa, seguramente hay mujeres que también han derribado sus matrimonios.

¿Es usted una bendición para su esposo o es su más grande dolor de cabeza?

Casadas respeten a sus maridos

> Por lo demás, cada uno de vosotros ame también a su mujer como a sí mismo; y la mujer respete a su marido. (Efesios 5:33)

Cuando una mujer casada sigue haciendo lo que le da la gana, con ello muestra una gran falta de respeto a su marido, como que su esposo está solamente pintado en la pared. Hay mujeres que no respetan a sus maridos delante de sus hijos o de otra gente, se burlan de ellos, los avergüenzan constantemente; si usted tiene este problema y no lo arregla, prepárese para quedarse sola en la vida; con ese estilo de vida, usted no podrá tener un buen matrimonio, por lo tanto, usted no podrá ser una persona feliz.

Mujer cuida tu lengua

Una de las deficiencias de la mujer, es la lengua; como que de pronto se le desconecta ese cablecito que va desde la lengua al cerebro y ¡Dios libre al público! Como la mujer no tiene la fuerza física del hombre, naturalmente desarrolla una tremenda artillería en su lengua, una artillería que puede despedazar a cualquier esposo; las palabras siempre han contenido un gran poder, para destruir y para construir.

Hace algunos años, un consejero del presidente Clinton de Los Estados Unidos, se suicidó al no soportar unas críticas de la prensa, algo semejante pasó hace unos meses con un político mexicano, que se vio acorralado por la prensa y terminó suicidándose; aquí vemos el poder de las palabras. Salomón lo describió de la siguiente manera:

> La muerte y la vida están en poder de la lengua. (Proverbios 18:21)
>
> La lengua falsa atormenta al que ha lastimado. (Proverbios 18:28)

Alguien dijo que las palabras tienen dinamita.

El apóstol Santiago dijo que la lengua es como un pequeño fuego que enciende un grande bosque, hablando precisamente del poder que tiene la lengua.

Esposas, con la lengua, ustedes pueden destruir a sus maridos o los pueden influenciar para que ellos se realicen en la vida.

Hay mujeres dominantes, que tienen a un marido mediocre y derrotado; estas mujeres usan muchas palabras negativas para sus esposos, son mujeres que no confían mucho en ellos, ellas toman el mando de cosas que no les pertenece; mantienen al marido en cierto rincón, cada vez que tienen oportunidad lo hacen sentir un sirve para nada, que ellas son más sabias que él y que están más capacitadas para dirigir las cosas importantes de la familia. Estas mujeres son muy buenas, pero para arruinar sus propios matrimonios.

Mujeres con esta mentalidad de Jezabel no solamente arruinan su matrimonio, pero muchas de ellas han sido las que han empezado una rebelión en iglesias; mujeres que tienen un alto concepto de sí mismas. Si usted tiene este problema y no cambia, le tengo una mala noticia: usted nunca podrá tener una familia feliz.

Es indudable que la esposa es la que más influencia puede tener sobre su marido, por eso debe de ser muy cuidadosa de lo que le hable; con sus palabras lo puede empujar al éxito, o con sus palabras usted puede empujar a su esposo a que tome una serie de malas decisiones en la vida. ¡Las palabras tienen poder!

La mayoría de los hombres casados que han logrado grandes éxitos en la vida, son hombres que han contado con una esposa que los ha animado, los ha fortalecido con palabras claves en momentos difíciles;

las buenas y sabias palabras de una esposa pueden levantar al hombre más abatido.

Hay un dicho que dice: *"Detrás de un gran hombre, hay una gran mujer"*. Estoy muy de acuerdo con eso.

Mujeres destapadas son presa fácil del diablo

El apóstol Pablo usa esta expresión en la primera carta a los corintios en el capítulo once; el velo en la cabeza de una mujer casada representaba a una mujer sometida a su esposo; pero si una mujer casada no portaba ese velo, se le conocía por una mujer rebelde, destapada; y una mujer que no se cubre con su esposo, siempre será una presa fácil del enemigo de nuestras familias.

El primer ejemplo que tenemos en esto es Eva, la compañera de Adán; Satanás vino y trabajó con ella, y la palabra de Dios no nos registra que Eva fue a consultar a su esposo antes de tomar la terrible decisión; por sus propias pistolas ella tomó la decisión y después fue e influenció al mandilón de su marido y así los dos quebrantaron el mandamiento de Dios.

Si Eva hubiera estado sometida a su marido, seguramente primero lo hubiera tomado en cuenta antes de hacer la fatal decisión.

Muchas mujeres se han metido en un sinfín de problemas, precisamente por hacer su propia cosa y no tomar en cuenta a sus esposos; una mujer rebelde, siempre estará desprotegida y será siempre una presa fácil para que el diablo la esté dañando de mil maneras, ¡y el diablo sí que sabe dañar!

La mujer no fue capacitada para liderar el hogar, y cuando la mujer quiere liderar el hogar, va a haber problemas muy serios. Si hay un hombre que la deja ser ¡cuidado! La mujer puede llegar más lejos de lo que nos imaginamos.

Miremos el caso de Acab y Jezabel; una mujer dominante y un hombre con un carácter débil; este sí era un hombre sin pantalones; un matrimonio con estas características siempre producirá una familia torcida; la mayoría de los hombres afeminados provienen de este tipo de parejas, donde hay un verdadero mandilón y una mujer dominante, una Juana Gallo.

Toda la familia participará de consecuencias o satisfacciones

Como pareja debemos tener muy clara esta verdad; si no hacemos bien las cosas, toda la familia pagará las consecuencias; el esposo, la esposa y los hijos; de la misma manera sucederá si hacemos bien las cosas, toda la familia participará de las satisfacciones. Es aquí donde vale la pena responder a las enseñanzas que estamos leyendo en esta ocasión.

En algunas ocasiones he mirado a mujeres influenciar a sus maridos para que no se vayan a predicar el evangelio; hay hombres sin carácter que han sido convencidos, pero toda la familia ha sido afectada en su relación con Dios por la desobediencia de los padres.

Lo mismo ha sucedido cuando la mujer no quiere ser generosa con la obra de Dios; con estas malas decisiones y esta mala influencia de algunas esposas, toda la familia se ha visto afectada.

Pero cuando en el hogar hay una mujer temerosa de Dios, todos salen ganando, el esposo, la esposa y también los hijos.

CAPÍTULO 5

La mujer virtuosa

Mujer virtuosa, ¿Quién la hallará? Porque su estima sobrepasa largamente a la de las piedras preciosas. El corazón de su marido está en ella confiado, y no carecerá de ganancias. Le da ella bien y no mal todos los días de su vida. (Proverbios 31:10-12)

El diccionario nos dice que la palabra virtud significa, disposición constante del alma que nos incita a obrar bien y evitar el mal. Entonces una mujer virtuosa es aquella que hace el bien y evita todo aquello que está mal, todo lo que pueda dañar a los que le rodean; una mujer virtuosa siempre está haciendo buenas obras y se esfuerza por no dañar a nadie.

Mujer virtuosa es aquella que hace el bien a su marido

Le da ella bien y no mal todos los días de su vida. Ella es una bendición para su esposo, no una maldición; siempre lo motiva, no lo desanima; ella es un medio de bendición para él y no un obstáculo, ella le sugiere cosas que a él le pueden ayudar y no lo asesina con palabras, ella lo respeta y no lo avergüenza, en pocas palabras, siempre busca la manera de hacer el bien a su marido; Salomón dice que asi es la mujer virtuosa; por eso es por lo que no hay muchas, no es muy fácil encontrarlas. *Mujer virtuosa, ¿quién la hallará?*

Hay mujeres que tienen un espíritu tremendo de contienda, hacen de sus hogares un pequeño infierno, y eso ha causado que el marido quiera estar en todos lados, menos en el hogar.

> Mejor es vivir en un rincón del terrado que con mujer rencillosa en casa espaciosa. (Proverbios 21:9)

> Mejor es morar en tierra desierta que con la mujer rencillosa e iracunda. (Proverbios 21:19)

> Gotera continua en tiempo de lluvia y la mujer rencillosa, son semejantes. (Proverbios 27:15)

Muchas mujeres han dejado de ser femeninas y se han convertido en machonas rebeldes, en mulas broncas que no se dejan domar ni por el Señor Jesucristo, mujeres enfadosas, manipuladoras, que cada vez que va a llegar el marido a la casa, llega poniéndole la cruz, como para espantar al diablo.

Aquella dulzura que él conoció y de la cual se enamoró rotundamente, ahora se transformó en aquel hombre verde que lo transformaba el coraje; esa dulzura se convirtió en una verdadera fiera, y no estoy exagerando; por muchos años he tratado todo tipo de problemas con muchos matrimonios y sé perfectamente lo que estoy escribiendo.

Pero la mujer virtuosa es aquella que hace el bien a su marido en todas las áreas y evita, el mal.

> Abre su boca con sabiduría, y la ley de clemencia está en su lengua. (Proverbios 31:26)

Mujer virtuosa es aquella que hace el bien a sus hijos

> Oye, hijo mío, la instrucción de tu padre, y no desprecies la dirección de tu madre. (Proverbios 1:8)

> Guarda, hijo mío, el mandamiento de tu padre, y no dejes la enseñanza de tu madre. (Proverbios 6:20)

Una mujer virtuosa tiene el cuidado de estar dando dirección y enseñanza a sus hijos, aparte de lavarles, plancharles y darles comida.

Pero es triste mirar a mujeres que la mayoría del tiempo se la llevan gritando como locas y haciendo de sus hogares un manicomio; mujeres toreras que se la llevan cortando orejas y rabos con sus hijos, pegándoles con lo que tienen a la mano, pelliscones, jalones de cabellos, etc. ¡Cómo se degradan al hacer eso!

Una mujer virtuosa les pega a sus hijos en el lugar correcto y en el momento correcto; una mujer virtuosa no necesita tanto grito despavorido que espante hasta a los vecinos.

Hay mujeres que parece que en uno de esos gritos se les va a soltar un tornillo del cerebro y se van a deschavetar, quedándose con los ojos volteados y riéndose solas.

Una mujer virtuosa siempre vive al cuidado de sus hijos, los mantiene limpios, bien alimentados y siempre sabe donde están.

Mas adelante estaré tratando de una manera mas amplia en cuanto a los hijos.

> Se levantan sus hijos y la llaman bienaventurada; y su marido también la alaba: muchas mujeres hicieron el bien; mas tu sobrepasas a todas. (Proverbios 31:28-29)

Este es el caso de la mujer virtuosa. Mujer casada, mucho depende de usted para que su matrimonio se mantenga firme y exitoso en esta vida.

CAPÍTULO 6

El tercer doblez

> Y si alguno prevaleciere contra uno, dos le resistirán; y cordón de tres dobleces no se rompe pronto. (Eclesiastés 4:12)

Cristo Jesús debe ser el tercer doblez en nuestro matrimonio

El esposo es un doblez, la esposa es otro doblez en el matrimonio, y nuestro Señor Jesucristo debe ser el tercero.

La razón principal de cada fracaso matrimonial ha sido la falta de Cristo en el hogar o en el corazón de cada uno de los cónyuges.

En una ocasión me tocó mirar un dibujo del edificio de las naciones unidas, a un lado estaba un Cristo gigante tocándoles la puerta, pero no lo dejaban entrar; los lideres mundiales haciendo todo tipo de decisiones para mejorar al mundo, pero sin tomar en cuenta a Dios.

Algo semejante pasa en la vida de muchos hogares, no hallan la puerta, se están derrumbando, pero no permiten que Cristo reine en sus corazones.

Matrimonios que viven su vida matrimonial muy a su manera; como vieron a sus padres o como miran a sus conocidos, pero no han dejado entrar a Cristo, el tercer doblez, a sus hogares.

En estos momentos estoy predicando un avivamiento en Nogales, Arizona, y ayer en el primer día, un hermano me compartía como es que cuando se entregaron a Cristo él y su esposa, su matrimonio estaba al punto del divorcio, pero permitieron que el tercer doblez que es Cristo entrara a sus vidas y su matrimonio fue restaurado; hoy felizmente están sirviendo al Señor.

Cuando una pareja permite que Cristo entre a su matrimonio, ese matrimonio se fortalece y permanece fortalecido tremendamente.

Cristo Jesús es la fuente del poder; es la fuente de la victoria.

> Somos más que vencedores por medio de Cristo. (Romanos 8:37)

> Todo lo puedo en Cristo que me fortalece. (Filipenses 4:13)

Cristo Jesús es el que hace la diferencia en nuestro matrimonio, un matrimonio sin Cristo jamás podrá disfrutar plenamente su vida matrimonial, ¿Por qué? Porque el matrimonio está formado por seres humanos y todo ser humano tiene necesidad de Dios, tiene debilidades y fallas de carácter que solamente Cristo Jesús puede cambiar.

Si un matrimonio no tiene en su vida matrimonial el tercer doblez que es Cristo, su matrimonio siempre estará inseguro; es Cristo el que nos da la seguridad y la fuerza para seguir adelante, principalmente cuando llegan las crisis.

La necesidad de que el tercer doblez que es Cristo penetre en la vida de cada cónyuge

Los matrimonios que fracasan, por lo regular se mira en ellos esta misma característica: la falta de influencia del carácter de Cristo en sus vidas; el esposo es de una manera, la esposa es de otra, pero no hay influencia del carácter de Dios en ninguno de los dos.

Traen influencia de sus padres, de sus abuelos, de los amigos, de los vecinos, de los maestros, etc., pero no del carácter de Dios. No existe el tercer doblez en sus corazones. Entonces, entre los dos caracteres distintos, existen grandes diferencias que chocan constantemente y cuando fracasan dicen: no hubo compatibilidad de caracteres. Se oye muy bonito, muy adornado, muy filosófico, pero la realidad es, que hubo la falta de Dios en cada uno de ellos.

Para empezar, no existe en el mundo ningún matrimonio que tenga compatibilidad de caracteres, los que han logrado evitar el divorcio, no ha sido por la compatibilidad de caracteres que en ellos hay, ha sido por el esfuerzo que esa pareja ha hecho al paso del tiempo, por la disposición que han tenido para cambiar y por el deseo de seguir juntos hasta el fin, pero seguramente nunca ha sido fácil. Donde vivan dos seres humanos juntos, difícilmente allí habrá compatibilidad de caracteres.

Los matrimonios cristianos que la hemos estado haciendo bien al paso de los años, hasta donde yo alcanzo a comprender, nada tiene que ver nuestra compatibilidad de caracteres, más bien ha sido Cristo, nuestro tercer doblez, que le hemos permitido que reine en cada uno de nuestros corazones, él nos ha gobernado personalmente, y eso automáticamente crea buenos matrimonios.

En algunas ocasiones, (pocas, gracias a Dios) me ha tocado tratar con matrimonios cristianos, donde a pesar de que ya tienen algunos años de cristianos, se mira en ellos muy poca influencia del carácter de Dios en sus vidas, y mientras ellos no permitan que el tercer doblez que es Cristo reine personalmente en sus corazones, aunque vayan a la iglesia toda una vida, sus vidas matrimoniales será una miseria.

¿Que tanta influencia de Cristo tiene usted en su carácter?

Muriendo a nuestro pasado

> Porque habéis muerto, y vuestra vida está escondida con Cristo en Dios. Cuando Cristo, vuestra vida, se manifieste, entonces vosotros también seréis manifestados con él en gloria. Haced morir, pues, lo terrenal en vosotros:

> fornicación, impureza, pasiones desordenadas, malos deseos y avaricia, que es idolatría; cosas por las cuales la ira de Dios viene sobre los hijos de desobediencia, en las cuales vosotros también anduvisteis en otro tiempo cuando vivíais en ellas. Pero ahora dejad también vosotros todas estas cosas: ira, enojo, malicia, blasfemia, palabras deshonestas de vuestra boca. No mintáis los unos a los otros, habiéndoos despojado del viejo hombre con sus hechos, y revestido del nuevo, el cual conforme a la imagen del que lo creó se va renovando hasta el conocimiento pleno. (Colosenses 3:3-10)

> Ya no vivo yo, mas vive Cristo en mí. (Gálatas 2:20)

> Hijitos míos, por quienes vuelvo a sufrir dolores de parto, hasta que Cristo sea formado en vosotros. (Gálatas 4:19)

Mientras Cristo no se forme en los dos cónyuges, va a estar reinando la manera de ser de cada cual, Cristo y su carácter estarán fuera, y aquello que empezó muy romántico, termina en una vil frustración y desencanto.

Cada uno creció diferente, en ambientes y costumbres diferentes, con una educación y un carácter diferente; los dos necesitan que Cristo influencie sus vidas, que las fallas de carácter vayan desapareciendo y que las virtudes del carácter de Cristo vayan apareciendo en cada uno; el tercer doblez traerá solidez y una vida bendecida en el matrimonio.

Cuando una pareja está teniendo muchos problemas, y pasan los años y los problemas no disminuyen, ahí hay una falta de Cristo en el carácter de cada cónyuge; es una pareja que no ha muerto a su pasada manera de ser, el cristianismo no está siendo mucha mella en esos dos corazones, es una pareja que tiene muy poca influencia de Dios en sus vidas; él está bien montado en su macho y ella está bien montada en su mula, ¡y bájenlos de ahí! Ninguno de los dos cede, no quieren cambiar, si siguen así, pronto llegará el divorcio.

Si el matrimonio se va a disfrutar, si va a estar sólido, necesitará que Cristo esté influenciando constantemente a cada cónyuge.

Si cada cónyuge fuera un buen cristiano, se evitarían muchísimos problemas matrimoniales.

Necesitamos que el tercer doblez que es Cristo penetre en la vida de cada cónyuge; que se mire en cada uno la influencia del carácter de Cristo Jesús.

CADA CÓNYUGE NECESITA LLEVAR UNA RELACIÓN PERSONAL Y CERCANA CON EL TERCER DOBLEZ QUE ES CRISTO

El que anda con sabios, sabio será. (Proverbios 13:20)

Recuerdo a mi querido padre diciéndome, cuando empezaba a descubrir que mis amigos eran los drogadictos, rateros y pandilleros de la colonia: "Dime con quién andas y te diré quién eres".

Mi padre no estaba lejos de la realidad; no tardé mucho para convertirme en un drogadicto, ratero y pandillero.

Los seres humanos somos seres influenciables, para bien o para mal; dependerá mucho con quien nos relacionemos constantemente. Salomón dice que, si nos juntamos con sabios, sabios seremos; Dios es el sabio de sabios, y si llevamos una relación cercana y personal con él, seguramente terminaremos siendo influenciados por su carácter, por su manera de ser, y eso servirá para bien a nuestro matrimonio, incluyendo a nuestros hijos.

Cuando hay cónyuges que no cambian en sus maneras torcidas de ser, es porque su relación con el tercer doblez es muy pobre.

Tienes debilidades y fallas de carácter, que solamente Cristo las puede cambiar, pero si tu relación con él es muy pobre, muy pobre también será tu vida espiritual, y seguramente eso afectará para mal tu vida matrimonial.

Si quieres mejorar tu vida, necesitas llevar una relación personal y cercana con aquel que es el único que te puede cambiar: Cristo.

Una relación diaria a través de la oración

Constantes en la oración. (Romanos 12:12)

Orando en todo tiempo. (Efesios 6:18)

Orad sin cesar. (1ª Tesalonicenses 5:17)

La oración es el medio que Dios estableció para que su pueblo se comunicara directamente con él; Dios lo estableció para que precisamente nos mantengamos en contacto directo y constante con él.

Pablo entendía muy bien esta necesidad, por eso es por lo que escribió de una manera muy clara y firme en cuanto a la oración.

Si toda pareja tiene el cuidado de vivir una vida diaria de oración, se acabarían muchos problemas; la influencia del tercer doblez enriquecería a la familia.

Una de las cosas que aprecio de este compañerismo y de nuestro líder, el pastor Mitchell, es el énfasis que siempre le han dado a la oración; creo que eso ha sido una de las columnas más fuertes que han sostenido a este movimiento de Dios alrededor del mundo.

En nuestras iglesias tenemos oración todas las mañanas antes de entrar a las labores del día, y, por si fuera poco, también una hora antes de cada servicio; todo matrimonio en nuestro compañerismo tiene la oportunidad amplia de vivir una vida de oración, y así mantener enriquecido y fortalecido a su matrimonio; permitir que cada día de nuestras vidas, el tercer doblez esté influenciando nuestro carácter, nuestra manera de ser; la oración es una clave importante para ello.

Una relación diaria a través de la palabra de Dios

Cuando oramos, somos nosotros los que estamos hablando con Dios, pero, cuando leemos y oímos la palabra de Dios, él es el que habla con nosotros.

Si nos enfocáramos solamente a la oración, nuestra relación personal con Dios estaría muy limitada; solamente nosotros estaríamos hablando y no estaríamos permitiendo que él nos estuviera hablando.

Cada cristiano sin excepción necesita tener siempre un buen plan definido de estudio personal de las escrituras, por nuestro propio bien, necesitamos que Dios nos esté hablando constantemente.

A un matrimonio, esto lo enriquece, lo bendice grandemente; el estudio personal de la Biblia mantiene una influencia de Dios sobre nuestra vida.

De la misma manera, cada cristiano debe tener el cuidado de estar siempre en los servicios de la iglesia donde se está predicando la palabra de Dios.

> No dejando de congregarnos, como algunos tienen por costumbre. (Hebreos 10:25)

La palabra de Dios ya sea leída o escuchada, trae una influencia maravillosa a nuestras vidas; puedo escribir mucho acerca de esto, ya lo hice en uno de mis libros anteriores (Las 4 cosas más importantes). Si lees el salmo 119, allí encontrarás algunos beneficios gloriosos que trae la palabra de Dios a todo aquel que la lee y la escucha, trae una influencia de nuestro Dios a nuestras vidas.

> La palabra de Cristo more en abundancia en vosotros. (Colosenses 3:16)

Ya sea leída o escuchada a través de las predicaciones y estudios en la iglesia.

Necesitamos la influencia del tercer doblez en nuestros matrimonios; en este mundo que a cada día está empeorando, y que los ataques del diablo a la familia están arreciando; la oración y la palabra de Dios son el camino, son el camino para llevar esa relación personal y cercana con nuestro Dios.

Necesitamos que nuestros hogares sean Cristo céntricos, que Cristo sea el tercer doblez en nuestro matrimonio, que él sea el centro de nuestro matrimonio, reinando principalmente en cada uno de nuestros corazones.

El tercer doblez.

CAPÍTULO 7

La armonía en el matrimonio

¿Andarán dos juntos, si no estuvieren de acuerdo? (Amós 3:3)

Se cuenta de un hombre que tenía dos burros. Un día les hizo una prueba para ver qué tan burros eran, los amarró juntos del pescuezo y les puso una cubeta llena de comida a cada uno, el problema era que una cubeta estaba muy a la izquierda y la otra muy a la derecha. El par de burros empezó a luchar por llegar a su cubeta, uno jalaba para un lado, y el otro burro para el otro lado, casi se trozan la cabeza, pero ninguno de los dos cedía; cada burro quería su propia cosa y no le importaba lo del otro, no tenían la capacidad de ponerse de acuerdo y decir: "primero nos comemos el mío y después el tuyo". Estaban destrozándose el pescuezo, antes de llegar a un acuerdo; había una falta de armonía en estos dos burros. ¡Qué burros! ¿Verdad?

¿Esta historia no te suena familiar? ¿No es algo que sucede en muchos matrimonios? Parejas que no tienen la habilidad de armonizar, de ponerse de acuerdo; prefieren estarse destruyendo, que llegar a ciertos acuerdos para vivir mejor.

¿Andarán dos juntos, si no estuvieren de acuerdo?

Si no hay armonía, no funcionará tu matrimonio

La Biblia paráfrasis describe a nuestro texto de esta manera: *¿Cómo podremos andar juntos con sus pecados de por medio?*

El pueblo de Dios vivía en pecado; Dios era santo y su pueblo andaba mal, no podían andar juntos; la cooperación estaba viniendo de un solo lado solamente, del lado de Dios, pero su pueblo no cooperaba, amaban su pecado y no querían cambiar, así que la armonía estaba destrozada.

Algo semejante sucede en los matrimonios, cuando uno de los dos no está cooperando para mejorar, nunca habrá armonía y ese matrimonio no funcionará.

Yo tuve un amigo y me tuve que separar de él porque no quiso arreglar algunas malas actitudes; ya no me sentía bien conviviendo con él, no quiso cambiar y la armonía se destruyó.

Lo mismo sucede en el matrimonio, cuando un cónyuge no está cooperando para enriquecer su matrimonio, cuando es uno el que coopera y el otro no, cuando es uno solamente el que le está echando ganas; ese matrimonio no está trabajando en armonía, por lo tanto, no funcionará, simplemente no funcionará, no es posible.

El diccionario nos dice que armonía significa lo siguiente: *"Unión o combinación de sonidos; arte de formar los acordes musicales; correspondencia de las partes involucradas; concordancia, acuerdo".*

Cuando la pareja no tiene la habilidad de vivir en armonía, lo único que va a haber en ese hogar, serán muchos problemas, muchos conflictos; seguramente será un pequeño infierno adelantado.

> Y habiéndolos llamado, les decía en parábolas: ¿Cómo puede Satanás echar fuera a Satanás? Si un reino está dividido contra sí mismo, tal reino no puede permanecer. Y si una casa está dividida contra sí misma, tal casa no puede permanecer.
> (Marcos 3:23-25)

La Biblia paráfrasis lo explica de esta manera: *Jesús los llamó y les habló en términos que muy bien entendieran: ¿Cómo puede Satanás echar fuera a Satanás? Si un reino está dividido y los distintos bandos luchan entre sí, pronto desaparecerá. Si en un hogar hay pleitos y divisiones, se destruirá.*

¿Cómo pueden andar dos juntos, si no están de acuerdo?

ALGUNAS CARACTERÍSTICAS QUE NOS AYUDARÁN A VIVIR EN ARMONÍA EN EL MATRIMONIO

Una de las tantas cosas que me emocionan de la palabra de Dios, es que tiene respuestas a cada uno de nuestros problemas; la palabra de Dios también dirige acertadamente la vida matrimonial.

Definitivamente, todo matrimonio tiene que aprender a vivir en armonía, está comprobado que no es tarea fácil; donde viven dos personas, siempre habrá problemas, es inevitable; los seres humanos, somos seres muy complejos, pero la buena noticia es que es posible, al menos que quieras convertirte en un ermitaño; que te vayas a vivir a la selva, allá con los animales; hay animales muy bonitos, pero ninguno de ellos podrá darte lo que solamente tu cónyuge te puede dar.

Cuando el Señor le dio a Adán un sinfín de animales, miró que todavía necesitaba algo más, y fue ahí cuando Dios decidió darle a la mujer, su ayuda idónea, lo que realmente Adán necesitaba; igualmente Eva tuvo la misma experiencia; ella necesitó algo más que los hermosos animales, ella necesitó un esposo.

Pero, para lograr vivir en armonía con ese personaje raro que es nuestro cónyuge, tendremos que aprenderlo, no vendrá naturalmente, tendremos que aprenderlo.

Lo tremendo es que Dios nos ha dado una promesa.

> Somos más que vencedores por medio de aquel que nos amó.
> (Romanos 8:37)

> Todo lo puedo en Cristo que me fortalece. (Filipenses 4:13)

Hay algunas cosas que nos van a ayudar como matrimonio a vivir en armonía.

No mirando únicamente lo suyo propio

> No mirando cada uno por lo suyo propio, sino cada cual también por lo de los otros. (Filipenses 2:4)

En otras palabras: no seas egoísta, no pienses solamente en ti, en lo que tú deseas, en lo que a ti te gusta, en lo que tú necesitas; la persona con la que te uniste en matrimonio también tiene deseos, también tiene gustos y necesidades, no es un robot mecánico sin sentimientos, gustos y necesidades, tu cónyuge tiene sus gustos, deseos, necesidades y sentimientos propios.

Hay hombres muy despreocupados, que tienen a la esposa al borde de la locura, no piensan en los gustos de ella, en sus sentimientos, lo que la hace sentir mal, no piensan en las cosas que la afligen o la alegran.

Igualmente, mujeres, que piensan muy poco en los gustos del esposo, en sus deseos, sus necesidades y sentimientos.

Algo que va a ayudar mucho a tener un matrimonio en armonía, es el no pensar demasiado en nosotros mismos; el entender que ahora, hay alguien más viviendo con nosotros y que es parte fundamental de nuestra vida: nuestro cónyuge.

> Pero el casado tiene cuidado de las cosas del mundo, de cómo agradar a su mujer. (1ª Corintios 7:33)

> Pero la casada tiene cuidado de las cosas del mundo, de cómo agradar a su marido. (1ª Corintios 7:3)

Pablo, aquí nos está diciendo que así es y así debe de ser en el matrimonio; preocuparse por el cónyuge, tener el cuidado de vivir agradándole.

> Ninguno busque su propio bien, sino el del otro. (1ª Corintios 10:24)

Necesitamos empezar a interesarnos un poco más en las necesidades, en los deseos, gustos y sentimientos de nuestra pareja; eso nos fundirá al uno con el otro, nos ligará profundamente. El egoísmo ha destruido a muchos matrimonios.

Quizás necesitas meditar en las necesidades de tu pareja y empezar a actuar, pensar en sus sentimientos, en sus deseos; quizás necesitas sentarte con tu pareja, para que te exponga sus sentimientos, sus anhelos, sus necesidades, las cosas que le afligen y las que le alegran, y hacer un pacto los dos, en que, de aquí en adelante, se van a poner más atención el uno al otro y van a dejar de pensar tanto en sí mismos; van a buscar acuerdos sólidos, acuerdos que nada los rompa.

Si hacen eso, empezarán a vivir una riqueza en su matrimonio; no le estoy escribiendo únicamente a los hombres, muchas mujeres egoístas han destruido sus matrimonios.

No hay nada más triste en un matrimonio, que un cónyuge amargado, porque el compañero no le pone suficiente atención.

No mirando únicamente por lo suyo propio.

Morir así mismo

Algo que va a ayudar bastante a que nuestro matrimonio viva en armonía, es el dejar que Cristo siga cambiando nuestras vidas; que muera nuestra vieja naturaleza y que a cada día nos llenemos más y más del carácter de Dios; eso es morir a uno mismo.

Cuando Pablo dijo: ya no vivo yo, mas Cristo vive en mí; lo que él estaba diciendo es lo siguiente: mi vieja naturaleza ha ido desapareciendo, y el carácter de Cristo se ha ido impregnando en mi vida; como le dijo a los Gálatas: hasta que Cristo sea formado en vosotros.

Eso es lo que precisamente tiene que suceder en la vida de cada cónyuge, para que puedan lograr vivir en armonía; morir así mismo, a su pasado, a su manera antigua de ser; que el carácter de Cristo se forme en cada uno.

En la siguiente escritura encontramos doce principios divinos, que, si tan solo reinan en cada matrimonio, la armonía también reinará.

> Haced morir, pues, lo terrenal en vosotros: fornicación, impureza, pasiones desordenadas, malos deseos y avaricia que es idolatría; cosas por las cuales la ira de Dios viene sobre los hijos de desobediencia, en las cuales vosotros también anduvisteis en otro tiempo cuando vivíais en ellas.
> Pero ahora dejad también vosotros todas estas cosas: ira, enojo, malicia, blasfemia, palabras deshonestas de vuestra boca. No mintáis los unos a los otros, habiéndoos despojado del viejo hombre con sus hechos, y revestido del nuevo, el cual conforme a la imagen del que lo creó se va renovando hasta el conocimiento pleno, donde no hay griego ni judío, circuncisión ni incircuncisión, bárbaro ni escita, siervo ni libre, sino que Cristo es el todo, y en todos.
> Vestíos, pues, como escogidos de Dios, santos y amados, de entrañable misericordia, de benignidad, de humildad, de mansedumbre, de paciencia; soportándoos unos a otros, y perdonándoos unos a otros si alguno tuviere queja contra otro. De la manera que Cristo os perdonó, así también hacedlo vosotros. Y sobre todas estas cosas vestíos de amor, que es el vínculo perfecto.
> Y la paz de Dios gobierne en vuestros corazones, a la que asimismo fuisteis llamados en un solo cuerpo; y sed agradecidos. (Colosenses 3:5-15)
>
> Esto, pues, digo y requiero en el Señor: que ya no andéis como los otros gentiles, que andan en la vanidad de su mente, teniendo el entendimiento entenebrecido, ajenos de la vida de Dios por la ignorancia que en ellos hay, por la dureza

de su corazón; los cuales, después que perdieron toda sensibilidad, se entregaron a la lascivia para cometer con avidez toda clase de impureza.
Mas vosotros no habéis aprendido así a Cristo, si en verdad le habéis oído, y habéis sido por él enseñados, conforme a la verdad que está en Jesús.
En cuanto a la pasada manera de vivir, despojaos del viejo hombre, que está viciado conforme a los deseos engañosos, y renovaos en el espíritu de vuestra mente, y vestíos del nuevo hombre, creado según Dios en la justicia y santidad de la verdad. (Efesios 4:17-24)

Estas dos escrituras nos empujan a morir a nosotros mismos; si no permites que Dios esté cambiando tu corazón y tu carácter, difícilmente tendrás un matrimonio armonioso; la pareja necesita morir así mismo.

Si tu matrimonio es como los dos burros ignorantes y egoístas, seguramente en estos momentos se están destrozando el uno al otro y no están yendo a un buen lado; quizás están yendo al divorcio.

El hambre los tumba, pero el orgullo los levanta; es tiempo de cambiar, para salvar a nuestro matrimonio, es tiempo de morir a nosotros mismos.

El amor

Dos de las características del amor son las siguientes: todo lo espera y todo lo soporta (1ª Corintios 13:7).

Yo creo que no es nada difícil entender de que la persona con la que te casaste es un ser humano fallador. En la etapa del noviazgo no existía ningún problema, porque, aunque es una etapa maravillosa por el romanticismo que se experimenta, es la etapa más falsa e hipócrita que pueden vivir los seres humanos, ¿Por qué? Porque protegemos demasiado todas las fallas que tenemos. Hacemos casi hasta lo imposible para que nuestra pareja no descubra ninguna de nuestras fallas humanas, somos cuidadosos en el vestir, en los olores, incluyendo los de la boca; pero cuando nos casamos y empezamos a vivir juntos, las máscaras se caen, nos es imposible seguir escondiendo todas nuestras fallas humanas, ahí es donde verdaderamente debe de entrar el amor y dos de sus características son estas: todo lo espera y todo lo soporta.

Si vas a lograr vivir en armonía con tu pareja el amor es indispensable para ello. Es importante que aprendas a soportar las fallas de tu pareja y a esperar a que Dios mismo lo vaya transformando poco a poco, eso es lo que hace el amor; si no pregúntaselo a una madre. ¿Qué es lo que causa que una madre les soporte tantas rebeliones y fallas a sus hijos, y aun así lo quiera tanto? ¡El amor! Porque el amor todo lo espera y todo lo soporta.

> Y, ante todo, tened entre vosotros ferviente amor; porque el amor cubrirá multitud de pecados. (1ª Pedro 4:8)

¡Qué tremenda escritura! ¡Porque el amor cubrirá multitud de pecados! El amor nos ayudará a pasar por alto un sinnúmero de fallas de nuestro cónyuge, nos ayudará a soportarle cualquier falla; también nos ayudará a esperar, esperar a que nuestra pareja logre los cambios necesarios, ya que el amor todo lo soporta y todo lo espera.

Quiero ir más allá en esto, y ayudarte a lograr a soportar, a esperar y aún a cubrir (a no poner tanta atención en) algunas fallas de tu pareja.

El que de vosotros esté sin pecado sea el primero en arrojar la piedra

Aquí hay una lección que aprender y que seguramente nos ayudaría mucho en nuestra armonía matrimonial.

Estoy recordando aquel momento donde los fariseos le trajeron al Señor a aquella mujer que la habían descubierto en adulterio.

Los fariseos tenían la debilidad de siempre estar juzgando las fallas de los demás, pero eran muy blandos con las propias. Algo semejante nos puede pasar dentro de la vida matrimonial, mirar tanto las fallas de nuestra pareja, que olvidamos que también nosotros tenemos bastantes; no tenemos las fallas de nuestra pareja, pero seguramente tenemos las propias.

Cuando ponemos atención a esta verdad, seremos menos duros con las fallas de nuestro cónyuge y eso nos ayudará mucho en la armonía de nuestro matrimonio.

Pero *¡las fallas de mi cónyuge son más grandes!* ¿De veras?

La paja y la viga

> No juzguéis, para que no seáis juzgados. Porque con el juicio con que juzgáis, seréis juzgados, y con la medida con que medís, os será medido.
> ¿Y por qué miras la paja que está en el ojo de tu hermano, y no echas de ver la viga que está en tu propio ojo? O ¿cómo dirás a tu hermano:
> Déjame sacar la paja de tu ojo, y he aquí la viga en el ojo tuyo? ¡Hipócrita! saca primero la viga de tu propio ojo, y entonces verás bien para sacar la paja del ojo de tu hermano. (Mateo 7:1-5)

Si somos honestos, descubriremos que también nosotros tenemos fallas grandes; de otro tipo quizás, pero fallas grandes; cuando logramos captar o entender esta verdad, somos menos duros con nuestro cónyuge, eso ayuda bastante a la armonía en nuestro matrimonio.

Si vamos a ser una pareja feliz, si vamos a evitarle el dolor del divorcio a nuestros hijos, necesitamos hacer todo lo necesario para que nuestro matrimonio viva en armonía.

CAPÍTULO 8

La generosidad en el matrimonio

Una de las cosas que distingue a mucha gente de los países tercermundistas, es la mentalidad del solo recibir y si es posible nada de dar, el pobrecito yo, estoy para que me den y no para dar.

La palabra de Dios nos enseña que esta mentalidad nos mantiene siempre empobrecidos económicamente; pero esta mentalidad no se limita al área financiera solamente, esta misma mentalidad se lleva al matrimonio y hace muchos estragos en la pareja; cuando uno de los dos siempre está deseando y esperando recibir algo del cónyuge, pero muy pocas veces piensa en dar o en hacer algo por el otro.

Inyectando generosidad a nuestro matrimonio

> Dad, y se os dará; medida buena, apretada, remecida y rebosando darán en vuestro regazo; porque con la misma medida con que medís, os volverán a medir. (Lucas 6:38)

Tal parece que esto no tiene mucha importancia en la vida matrimonial, pero déjame profundizar un poco más y verás que la generosidad es muy importante y necesaria en el matrimonio.

El principio divino nos dice que, si damos, vamos a recibir.

Si tú no eres generoso en tu manera de ser, seguramente así serás en tu matrimonio con tu cónyuge y hasta con tus hijos.

Si tú eres de las personas que siempre están esperando que otros te den, que otros te bendigan, esa misma mentalidad la llevarás a tu matrimonio y eso afectará tu vida matrimonial. A nuestro matrimonio necesitamos estarle inyectando siempre generosidad; seguramente eso enriquecerá a cualquier matrimonio.

La pregunta es: ¿Qué puedo darle a mi pareja?

Decidirse a darle siempre a tu pareja un buen trato

Ya tratamos este tema, pero ahora quiero enfocarlo de otra manera; quiero enfocarlo en el área de la generosidad, la generosidad puede ayudarte a tomar esta seria decisión: <u>darle</u> siempre un buen trato a tu pareja, es algo que tú decides hacer, empezar a <u>darle</u> a tu pareja un buen trato, tan solo esto traerá grandes beneficios, no solo a tu matrimonio, pero a tu persona, solamente haciéndolo lo podrás descubrir.

Darse besos todos los días

Para algunos se oirá cursi, pero la realidad es que es una necesidad fundamental para que el matrimonio se pueda disfrutar.

Está comprobado que todo ser humano que ha crecido sin los besos de sus padres, se ha desarrollado en ellos severos daños en su carácter; de ahí se da, que muchos de ellos sean los peores criminales y mal vivientes del mundo.

El beso es una necesidad en el ser humano desde que nacemos; en el matrimonio no es la acepción.

Si como pareja se deciden a empezar a <u>darse</u> besos, eso también le traerá grandes beneficios a su matrimonio; tengan siempre el cuidado de regalarse besos todos los días, no solamente en los momentos donde están haciendo el amor.

Darse palabras de ánimo

Con el tiempo, si no tenemos cuidado nos podemos convertir en personas cínicas y criticonas, a tal grado de convertirnos en especialistas en destruir los sentimientos y el ánimo de nuestra pareja.

Siempre se ha dicho que las palabras tienen poder, para bien o para mal, pero las palabras tienen poder.

> La muerte y la vida están en poder de la lengua, y el que la ama comerá de sus frutos. (Proverbios 18:21)

Hay palabras que pueden hacer pedazos a una persona, pero también hay muchas palabras que pueden edificar, fortalecer y animar a las personas y esas son las que se necesitan dentro del matrimonio.

> Hay hombres cuyas palabras son como golpes de espada; Mas la lengua de los sabios es medicina. (Proverbios 12:18)

> La lengua apacible es árbol de vida; Mas la perversidad de ella es quebrantamiento de espíritu. (Proverbios 15:4)

> La congoja en el corazón del hombre lo abate; mas la buena palabra lo alegra. (Proverbios 12:25)

> Y la palabra a su tiempo, ¡Cuán buena es! (Proverbios 15:23)

> Manzana de oro con figuras de plata es la palabra dicha como conviene. (Proverbios 25:11)

La lengua puede destruir o puede edificar tu matrimonio; es tan fácil criticar, ser cínico y burlón, pero eso destruye relaciones.

Muchas veces, tanto el hombre como la mujer necesita palabras de edificación; en vez de estarnos criticando constantemente nuestros errores, trae mejores resultados palabras de edificación.

¿Qué tanto acostumbras a <u>darle</u> a tu pareja palabras de ánimo? ¿Cada qué tanto tiempo resaltas sus virtudes? ¿Acostumbras a decirle?: te amo, me gustas mucho, que bien cocinas, gracias por sostenernos económicamente, etc. Decide empezar a <u>dar</u> palabras de ánimo, palabras de edificación; seguramente eso enriquecerá tu matrimonio.

Tarjetas románticas y flores

El día de hoy hay tarjetas para todas las ocasiones; algunas de ellas traen frases muy claves para nuestra pareja; el más cursi de los cónyuges puede ser alcanzado por alguna de ellas; simplemente es una decisión que se tiene que hacer: empezar a <u>dar</u> tarjetas a nuestra pareja; ahí hay palabras escritas que tienen poder para animar a cualquiera; se puede aprovechar cualquier fecha especial para <u>regalar</u> una tarjeta a tu cónyuge.

Muchos de nosotros crecimos con un sinfín de complejos, que en un determinado momento no nos permiten valorar detalles como estos y ser (principalmente los hombres) ásperos con nuestra pareja.

¿Qué diremos de las flores? A la mayoría de los hombres no nos ilusionan las flores, pero a la mayoría de las mujeres sí. ¿Qué les ven? ¡Quién sabe! Pero la mayoría de las mujeres siempre son alcanzadas o afectadas por un ramo de flores. Las mujeres naturalmente son románticas y las flores hacen un efecto maravilloso en ellas.

Vuelvo a recordar mi viaje a Holanda y cuando miré tantas flores tan bonitas, quise tener a mi esposa conmigo en esos momentos para haberla llenado de flores. Son una debilidad en las mujeres.

¿Quieres conquistar a tu esposa? ¡A <u>darle</u> flores! Seguramente esto también enriquecerá tu matrimonio.

Muebles y aparatos que le hagan a la esposa la vida más fácil

Si como hombre eres una persona generosa, seguramente tu esposa también va a salir beneficiada de ello.

Hay muchos aparatos eléctricos que le pueden hacer a tu esposa la vida más fácil y llevadera; empezando con la lavadora, licuadora, una buena plancha, horno microondas, abre latas eléctrico, etc.

Toda mujer se siente muy feliz cuando tiene buenos y bonitos muebles; debo confesarte que esa ha sido una de mis satisfacciones en la vida: trabajar con ganas para comprarle a mi esposa todo tipo de aparatos y muebles que la hagan sentir dichosa; por eso, he recibido mucho de ella; estamos hablando del dar en el matrimonio, de inyectar generosidad a nuestro matrimonio.

Buenas comidas, ropa planchada y casa aseada

Esto también lo podemos ver con el enfoque de la generosidad; mi querida dama, usted también puede participar en el dar en estas áreas; siendo cuidadosa de darle siempre a su esposo buenas comidas, buenas planchadas y tenerle siempre aseada su casa, de tal manera que cada vez que su esposo llegue del trabajo, encuentre limpia la casa y así él se sienta muy bien en el hogar.

Sexo

Hasta la fecha, esposa, es el mejor regalo que usted le puede dar a su esposo; esto es por la naturaleza del hombre. Su hombre puede ser el más espiritual de la iglesia, pero aun así necesita relaciones sexuales continuamente; y si ese hombre ama y teme a Dios, usted mujer, le haría la vida mucho más fácil dándole sexo continuamente.

De la misma manera este es un llamado también para el hombre; la mujer también necesita buenas y satisfactorias relaciones sexuales.

El hombre es más fácil de ser egoísta en esta área y solo pensar en sus propias necesidades y ser todo un atrabancado sexual; toda mujer necesita buenas y satisfactorias relaciones sexuales, el esposo se las puede dar.

Estamos viéndolo con el enfoque de la generosidad; más adelante hablaré un poco más acerca del tema.

Perdón

El perdón, siempre será una necesidad en todo matrimonio; como todo matrimonio está formado por seres humanos, ahí siempre habrá todo tipo de fallas, fallas humanas que se estarán cometiendo siempre el uno al otro; esto será inevitable. Con el tiempo podrán ir mejorando, pero seguramente se seguirán fallando el uno al otro hasta el final de sus vidas; así que el perdón siempre será una necesidad en la vida matrimonial, y los dos necesitarán siempre decidir darlo; el no darlo, causaría graves daños, pero el darlo significaría la paz y la armonía en el hogar.

¿Te das cuenta de todo lo que podemos dar a nuestra pareja? Un buen trato, besos, palabras de ánimo, tarjetas y flores; buenas comidas, ropa planchada y casa aseada; sexo y perdón.

En vez de vivir peleando, o vivir demandando, ¿por qué mejor no vivir dando? ¡A todo matrimonio le irá mejor! ¡Dad y se os dará!

Dar, siempre nos va a traer mejores resultados.

> Cristo Jesús dijo: más bienaventurado es dar que recibir.
> (Hechos 20:35)

CAPÍTULO 9

El aseo y el arreglo personal

Es impresionante ver como muchas personas pierden el brillo del aseo y el arreglo personal al poco tiempo de haberse casado; esto daña tu matrimonio más de lo que te imaginas.

El aseo y el arreglo personal es una de las cosas que más cuidan los novios y los que están tratando de ponerse de novios; vestirse bien, oler bien, etc. Entonces, ¿por qué muchas personas pierden eso con el tiempo de casados? ¿Solo querían asegurar a su pareja? ¡Qué desgracia para ese matrimonio!

El aseo y el arreglo personal son tan importantes, que puede mantener tu matrimonio con vida o sin vida, dependiendo si hay o no hay aseo y arreglo personal en tu matrimonio.

¡Hay tantos matrimonios arruinados el día de hoy! ¿Sabías que una de las causas también es la falta de aseo personal?

Es triste mirar tanto hogar infeliz, tanto matrimonio que ha perdido el brillo que tuvieron en un principio; hogares donde hay una mujer triste o amargada, llena de chamacos, sometida a un *macho man* que anda de galán por ahí.

El matrimonio para mucha gente se ha convertido en una carga pesada, en vez de ser una bendición. Si éste es tu problema, quiero decirte que hay esperanza; que la palabra de Dios tiene todas las enseñanzas necesarias para que tu matrimonio fluya bien y así lleguen hasta el final de sus vidas.

Es bueno que entiendas que Dios creó el matrimonio para disfrutarse.

> Por tanto, dejará el hombre a su padre y a su madre, y se unirá a su mujer, y serán una sola carne. (Genesis 2:24)

El plan de Dios era que Adán disfrutara a Eva y que Eva disfrutara a Adán y ese plan sigue siendo el mismo plan de Dios para todo matrimonio del mundo; pero el pecado y el vivir alejados de Dios ha traído mucho daño familiar.

El aseo y el arreglo personal pueden enriquecer nuestro matrimonio y es una de las claves para mantenerlo con vida y entusiasmado.

Algunos dicen que el libro del Cantar de los cantares hace referencia a Cristo y la iglesia, pero no creo que sea así. De lo que sí estoy seguro es que habla de la relación que debe de haber entre el esposo y la esposa y abiertamente nos habla del aseo y el arreglo personal de cada cónyuge.

Limpieza física

Empezando por lo primero: la necesidad de bañarse todos los días.

Es una necesidad bañarse cada 24 horas y esa necesidad se hace más grande en tiempo de calor, principalmente en los lugares como Los Mochis donde verdaderamente sudamos la gota gorda.

Esta es una necesidad, porque en 24 horas se hacen muchas cosas y no quiero entrar en detalles, pero seguramente se empiezan a acumular malos olores y todo tipo de microbios, y si no se atacan, seguramente empezarán a afectar la relación matrimonial. Si un hombre no tiene limpio su pene y aun así tiene relaciones sexuales con su esposa, la expone a ciertas infecciones; un baño diario bendice nuestro matrimonio, no hay duda de ello.

De la misma manera es tan importante que los dos se laven bien las manos antes de tener relaciones sexuales, así protegerán siempre a su pareja de cualquier infección.

¿Qué diremos del aseo de la boca y los dientes? Los dentistas nos aconsejan lavárnoslos por lo menos tres veces al día; nos aconsejan usar el hilo dental y algún líquido desinfectante; es normal que la pareja se bese intensamente en los momentos de intimidad en la cama, bocas infectadas dañaran sus cuerpos y una buena relación sexual, así que, el aseo bucal es una necesidad por el bien de los dos, una boca aseada enriquecerá a nuestro matrimonio, pero una boca desaseada lo empobrecerá.

Hombres bien rasurados; esta es una verdadera necesidad para toda mujer; un hombre bien rasurado, siempre causará buena impresión en su esposa y además no la lastimará en su piel delicada.

Buenos olores

Vamos a empezar con la boca. El lavarse los dientes por lo menos tres veces al día, el usar hilo dental y líquidos desinfectantes, no solamente nos guardará sanos, pero también nos ayudará bastante a que nuestra boca huela bien y eso es muy necesario para la buena relación matrimonial.

Es impresionante descubrir tantos malos olores que se pueden guardar en nuestras bocas; si no tenemos cuidado podemos matar gente cada vez que la abrimos.

Algunos de nosotros ya tenemos puentes en nuestra dentadura y parece ser que debajo de esos puentes hay algún muerto de días; ¿Y con quién convivimos más de cerca? ¡Con nuestra pareja! Con solo abrir nuestra boca podemos dejar a nuestra pareja sin respiración, peor que un toque de marihuana.

Por eso también es muy necesario ir con el dentista cada cierto tiempo para que nos haga limpieza dental; si no tenemos cuidado con esto, podemos hacer pedazos la buena relación con nuestro cónyuge.

> Como panal de miel destilan tus labios, oh esposa; miel y leche hay debajo de tu lengua. *(¿Miel y leche?)* (Cantares 4:11)

> Sus labios, como lirios que destilan mirra fragante. *(¿Olor bonito?, ¿olor bonito?)* (Cantares 5:13)

> Su paladar, <u>dulcísimo,</u> y todo él codiciable. Tal es mi amado, tal es mi amigo. (Cantares 5:16)

> Deja que tus pechos sean como racimos de vid, y el olor de tu boca como de manzanas. (Cantares 7:8)

No hay nada más triste como que una pareja que se tenga asco. Malos olores en la boca empobrecerán toda relación matrimonial, pero buenos olores la enriquecerán.

Sigamos con los pies. Los hombres somos los que tenemos más problemas con esto. ¡Qué bruto, cómo apestan! Hay veces que se entra a una habitación y se sale como tapón de sidra; en un momento como ésos usamos la siguiente expresión muy mexicana: ¡*utaaa mano!*

Para evitar esa tragedia hay que bañarse bien todos los días y si es necesario usar ciertos polvos o talcos que solucionan el problema, pero se tiene que hacer. Si eres hombre y tienes ese problema no debes dejarlo así, eso afectará de alguna manera tu imagen y tu relación con tu esposa.

Vámonos con las axilas. Otro lugar donde se guardan no muy gratos olores. Para eso existe un buen surtido de desodorantes, aparte del baño diario se necesita la ayuda de un buen desodorante. ¿Nunca has estado cerca de alguien que no usa desodorante? Qué pesado, ¿verdad? Cuando es una persona casada, seguramente afectará su vida matrimonial.

Los buenos olores son muy importantes para una rica relación matrimonial.

La loción en el cuerpo enriquece toda relación matrimonial.

> A más del olor de tus suaves ungüentos. (Cantares 1:3)

> Mientras el rey estaba en su reclinatorio, <u>Mi nardo dio su olor.</u> (Cantares 1:12)

> ¡Cuántos mejores que el vino tus amores, y el olor de tus ungüentos que todas las especias aromáticas! (Cantares 4:10)

Arreglo exterior

Hace muchos años escribí una canción la cual grabé en mi primer caset que se llama, "Qué bien te ves por fuera". En ella hablo de la preocupación desmedida de mucha gente por su arreglo exterior, y en donde descuidan lo más importante, el interior. Aunque el interior es más importante, el exterior no deja de serlo; una persona casada que descuida su arreglo exterior, seguramente algo anda mal en su interior, y eso afectará su matrimonio.

> Hermosas son tus mejillas entre los pendientes, tu cuello entre los collares *(joyas que hermosean a la mujer)*. (Cantares 1:10)

> Tus labios como hilo de grana *(pintados de rojo)*. (Cantares 4:3)

Miremos la necesidad de una buena apariencia del esposo.

> ¿Qué es tu amado más que otro amado,
> Oh la más hermosa de todas las mujeres?
> ¿Qué es tu amado más que otro amado,
> Que así nos conjuras?

> Mi amado es blanco y rubio,
> Señalado entre diez mil.
> Su cabeza como oro finísimo;
> Sus cabellos crespos, negros como el cuervo.
> Sus ojos, como palomas junto a los arroyos de las aguas,
> Que se lavan con leche, y a la perfección colocados.
> Sus mejillas, como una era de especias aromáticas,
> como fragantes flores;
> Sus labios, como lirios que destilan mirra fragante.
> Sus manos, como anillos de oro engastados de jacintos;
> Su cuerpo, como claro marfil cubierto de zafiros.
> Sus piernas, como columnas de mármol fundadas
> sobre basas de oro fino;
> Su aspecto como el Líbano, escogido como los cedros.
> (Cantares 5:9-15)

El arreglo exterior, siempre será una necesidad para el buen fluir del matrimonio.

¿Qué diremos de la gordura? ¿Cuántas parejas se casan delgadas y al poco tiempo empiezan a perder su figura? Y algunos se van demasiado lejos, ¿tiene que ser así? ¡No lo creo! Son descuidos, descuidos que empobrecen la vida matrimonial. Yo creo que cada hombre y cada mujer tienen la responsabilidad de guardar sus cuerpos en buen estado; primero porque sus cuerpos son el templo de Dios, segundo porque eso los guardará más sanos y tercero, porque una buena figura siempre enriquecerá su vida matrimonial.

Si tienes este grave problema, necesitas empezar inmediatamente a trabajar en ello.

Hay personas casadas que por alguna razón se han dejado caer en cuanto al aseo y el arreglo personal; si no se cambia esta situación, va al desastre. Un matrimonio que descuida el aseo y el arreglo personal poco a poco empieza a morir y se empieza a formar una plataforma para el adulterio.

¿Dónde quedaron aquellos tiempos de romance y emoción? Aquellos tiempos donde se tenía tanto cuidado en el aspecto físico, en la limpieza, en los buenos olores, en el buen vestir, etc.

Muchos cónyuges se han convertido en unos desvergonzados, descuidados, etc. Quizás todavía viven juntos, pero hace tiempo que están muertos. Es tiempo de recuperar el aseo y el arreglo personal, si lo hacen, habrán dado un paso muy importante para la restauración de su matrimonio.

CAPÍTULO 10

Cuando el cónyuge no es salvo

Uno de los dolores que comúnmente me he enfrentado, en mis 18 años que tengo pastoreando, es el ver a hermanas casadas sirviendo a Dios solas, enfrentando un sinnúmero de circunstancias difíciles en su caminar con Dios, al lado de un marido que no se quiere entregar a Cristo. La mayoría de las veces son mujeres, han sido muy escasos los maridos que están sirviendo a Dios solos, pero por los pocos que hay, yo creo que este capítulo puede también a ellos enseñarles algunas lecciones necesarias que pueden ayudar a que su pareja se entregue a Cristo Jesús tarde o temprano.

Hace un par de meses recibí la noticia alentadora de que Víctor, el esposo de nuestra hermana Silvia Vilchis se había entregado a Cristo y que lo había hecho con todo el corazón.

Cuando mi esposa y yo pionamos la iglesia de Toluca en 1986, en la semana de inauguración nos llegó a la iglesia nuestra hermana Silvia con sus pequeños hijos, y desde entonces ha permanecido fiel sirviendo a su Dios; su hijo mayor, Víctor, ahora está dirigiendo las alabanzas, lo cual me causó grande gozo. Pero tuvieron que pasar 15 años de fidelidad de nuestra hermana Silvia para que su esposo Víctor se salvara.

Yo no quiero asegurarle que su cónyuge se va a salvar si usted pone por obra las enseñanzas de este capítulo, pero sí puedo asegurarle que le pueden ayudar bastante para que eso se logre.

> Porque ¿Qué sabes tú, oh mujer, si quizá harás salvo a tu marido? ¿O qué sabes tú, oh marido, si quizá harás salva a tu mujer? (1ª Corintios 7:16)

Verdaderamente nadie lo sabe, solamente Dios; pero yo creo que cada cónyuge debe desear profundamente la salvación de su pareja y debe hacer todo lo que esté a su alcance para que eso suceda; yo creo que, si eso se logra, toda la familia saldrá ganando.

La importancia de la buena conducta

> Asimismo, vosotras, mujeres, estad sujetas a vuestros maridos; para que también los que no creen a la palabra, sean ganados sin palabra por la conducta de sus esposas, considerando vuestra conducta casta y respetuosa. (1ª Pedro 3:1-2)

La buena conducta, la manera de ser y de comportarse con su pareja que no es salva, siempre será muy crucial para que él o ella un día se entreguen a Cristo; el Apóstol Pedro lo entendía muy bien.

Muchas veces el cónyuge que es cristiano comete la torpeza de estarle ministrando a cada momento, presionándole a que vaya a la iglesia, y cuando no mira resultados, el mismo cónyuge cristiano, en su frustración se empieza a portar mal; este es un grave error.

El Apóstol Pedro, quien era un hombre casado, nos enseña que es más efectiva la buena conducta que mil palabras; el ser un buen cónyuge en todas las áreas de la vida.

Yo creo que, si usted aplica a su vida todas las enseñanzas que ya he dado en este libro y las que faltan, seguramente usted impactará a su pareja que no es salva. Deje de hablarle tanto de Dios, deje de presionarle tanto para que vaya a la iglesia, y mejor usted cuide su buena conducta, poniendo por obra todas las enseñanzas que hemos venido sacando de la palabra de Dios; seguramente la buena conducta es más efectiva que mil palabras.

Con esto no quiero decirle que usted ya no le hable de Cristo a su pareja, pero yo creo que usted debe de ser moderado en ello; usted necesita buscar momentos y oportunidades para hacerlo, seguramente siempre habrá algunas buenas oportunidades y hay que hacerlo; pero la palabra de Dios nos dice que usted puede ganar para Cristo a su cónyuge sin tanta predicación; que lo puede lograr con su buena conducta. Siempre predicaremos más fuerte con nuestros actos que con nuestras palabras; nuestras acciones harán siempre un efecto más fuerte que nuestras palabras. Ahora, si usted tiene una buena conducta y a eso le agrega, en momentos de oportunidad, ministración de la palabra de Dios, téngalo por seguro que las dos cosas juntas traerán muy buenos frutos.

Cuidando más el interior que el exterior

> Vuestro atavío no sea el externo de peinados ostentosos, de adornos de oro o de vestidos lujosos, sino el interno, el del corazón, en el incorruptible ornato de un espíritu afable y apacible, que es de grande estima delante de Dios. (1ª Pedro 3:3-4)

Hace algunos años escribí y grabé una canción que le titulé: "El espejo y la oración"; es dirigida prácticamente a todas las mujeres cristianas, y me metí en problemas con algunas.

En la canción hablo de la mujer cristiana que pasa tanto tiempo frente al espejo y muy poco tiempo en la oración y muy poco tiempo en la lectura de la palabra de Dios.

Ya escribí atrás de la importancia del arreglo personal para enriquecer su vida matrimonial, pero el arreglo interior es mucho más necesario e importante.

Las mujeres tienen esa naturaleza preciosa de arreglarse. Recuerdo a mi hija Raquel cuando era una bebita y me asombraba al verla queriéndose arreglar como su mamá; siempre me impresionó el verla crecer con esa naturaleza.

Mi trabajo como ministro, siempre me ha ayudado a ir conociendo ampliamente la naturaleza del ser humano, y por lo regular la mujer tiene esa tendencia desde muy niña, y está bien, pero el arreglo del corazón, del carácter, es mucho más importante.

Mi querida hermana, usted necesita tratar con sus fallas de carácter; si usted mejora, mejorará su matrimonio, y si su esposo no es salvo, las posibilidades de salvarse aumentarán considerablemente. Si usted solo cuida su apariencia externa, pues, se mirará muy bien por fuera, pero por dentro será un verdadero desastre; por fuera estamos muy bien, pero por dentro hay desarreglo.

LOS CELOS

En todo el libro no he tocado el tema de los celos y lo quiero tocar en estos momentos. ¿Por qué en estos momentos? Bueno, la mujer que tiene un esposo inconverso siempre ha sido más propensa a los celos, porque ella sabe que su esposo no es salvo, no tiene temor de Dios y es muy fácil de que pueda estar buscando a otras mujeres; pero desgraciadamente los celos no se limitan a una cristiana que su esposo no es salvo; los celos torturan también a mujeres que sus esposos son cristianos y también torturan a hombres cristianos, aunque sus esposas sean salvas. Los celos, pues, son un problema general en las parejas y si no tratamos con ello, los celos siempre estarán haciendo estragos en nuestro matrimonio.

Los celos: un demonio

Hay muchos pecados y placeres que lejos de hacernos sufrir al presente, nos dan placer y algún tipo de satisfacción; pero hablar de celos, es hablar de una de las peores torturas emocionales, ¿sabes por qué? Porque son un demonio, un espíritu real de Satanás, un espíritu hablando a nuestras mentes todo tipo de mentiras que dividen a los matrimonios.

> Si viniere sobre él espíritu de celos, y tuviere celos de su mujer, habiéndose ella amancillado; o viniere sobre él espíritu de celos, y tuviere celos de su mujer, no habiéndose ella amancillado. (Números 5:14)

No tengo la menor duda de que esto es una realidad; los celos entre parejas son producidos por un espíritu diabólico hablando a las mentes todo tipo de mentiras.

Se me viene a la mente una de las canciones que escribió uno de los pastores que tuve: "Voces en mi mente". Vale más que le pongamos atención a la realidad de Satanás y de sus espíritus engañadores; alguien dijo que la mente es el taller del diablo; yo creo que eso tiene mucho de verdad; él trabaja en las mentes, por eso en ocasiones oyes voces de celos que te torturan; llevan el propósito de destruir tu matrimonio.

El apóstol Santiago también nos da un poco de luz en esto.

> ¿Quién es sabio y entendido entre vosotros? Muestre por la buena conducta sus obras en sabia mansedumbre. Pero si tenéis celos amargos y contención en vuestro corazón, no os jactéis, ni mintáis contra la verdad; porque esta sabiduría no es la que desciende de lo alto, sino terrenal, animal, diabólica. (Santiago 3:13-15)

Aunque aquí está hablando de celos entre hermanos en Cristo, Santiago nos explica que también son producto de una influencia diabólica, sean celos entre hermanos o entre una pareja, los dos tipos de celos son producto de una influencia diabólica.

> Porque no tenemos lucha contra sangre y carne, sino contra principados, contra potestades, contra los gobernadores de

> las tinieblas de este siglo, contra huestes espirituales de maldad en las regiones celestes. (Efesios 6:12)

Nunca perdamos de vista esta realidad; los celos tienen que ver con un espíritu de maldad que quieren afectar tu matrimonio.

La mayoría de las veces el espíritu de celos nos va a engañar y la mayoría de las veces serán solo mentiras, pero recuerda que la mentira es una de las armas favoritas del diablo.

> Él ha sido homicida desde el principio, y no ha permanecido en la verdad, porque no hay verdad en él. Cuando habla mentira, de suyo habla; porque es mentiroso, y padre de mentira. (Juan 8:44)

Es el creador de la mentira y los celos, la mayoría de las veces van cargados de mentiras que llevan como propósito destruir tu matrimonio.

> Y fue lanzado fuera el gran dragón, la serpiente antigua, que se llama diablo y Satanás, <u>el cual engaña al mundo entero.</u> (Apocalipsis 12:9)

Este personaje llamado diablo, no siente lástima por ti, ni por tu pareja, ni siquiera por tus hijos; es el personaje más cruel que ha existido en toda la historia. Cristo mismo lo dijo en Juan 10:10, "El ladrón (Satanás) vino para hurtar, matar y destruir". Así que, anda sobre nuestro matrimonio; nos quiere robar la paz y la armonía; quiere matar y destruir nuestra vida matrimonial.

El apóstol Pedro lo describe de esta manera:

> Vuestro adversario el diablo, como león rugiente, anda alrededor buscando a quien devorar. (1ª Pedro 5:8)

Nuestro matrimonio está en la mira y una de las armas que usa son los celos; ¿por qué los celos? Porque los celos empiezan a dividir a una pareja y si eso no se arregla, lo que sigue es la división total: el divorcio.

No cabe duda de que la cuenta de división es la favorita del diablo; ahí se ha sacado muchos dieces.

¡Y cómo atormentan los celos! Al principio de mi matrimonio tuve algunas experiencias y la verdad, descubrí que no eran nada bueno, que verdaderamente provenían del mismo diablo.

> Porque los celos son el furor del hombre, y no perdonará en el día de la venganza.
> No aceptará ningún rescate, ni querrá perdonar, aunque multipliques los dones. (Proverbios 6:34-35)

Los celos torturan y terminan destruyendo matrimonios; hombres y mujeres que se van llenos de odio y de falta de perdón.

> Duros como el Seol los celos; sus brasas, brasas de fuego, fuerte llama. (Cantares 8:6)

Este versículo también nos habla del sufrimiento que nos causan los celos, productos de un espíritu cruel y maligno.

No le ayude al diablo provocándole celos a su pareja

Desde un principio de mi vida cristiana se me enseñó a siempre tener una distancia sabia con el sexo opuesto; esto es bueno, tanto para el hombre como para la mujer, y cuando ya estamos casados ¡con más razón!

Es muy fácil caer en liviandades y ser muy llevados con el sexo opuesto; por más amigos que sean, no es bueno tener una relación cercana; ya estamos casados, ya pertenecemos a alguien, y siempre será recomendable que llevemos una distancia sabia con el sexo opuesto; no confiemos demás en nosotros mismos, porque muchos ya han caído, inclusive los más grandes.

> Porque a muchos ha hecho caer heridos, y aun los más fuertes han sido muertos por ella. (Proverbios 7:26)

Desgraciadamente los hombres somos los más confiados, y también somos los que más hemos caído; necesitamos ser sabios en esto.

> El avisado ve el mal y se esconde; mas los simples *(confiados)* pasan y reciben el daño. (Proverbios 22:3)

No le ayudemos al diablo a destruir nuestro matrimonio.

Además de esto, necesitamos desarrollar una confianza mutua; necesitamos aprender a confiar en nuestra pareja; la confianza es una de las características del verdadero amor. ¿Amas a tu cónyuge? ¡Confía en él!

> El amor todo lo cree. (1ª Corintios 13:7)

Regresando con los hermanos que tienen a su cónyuge inconverso; los celos te empujan a portarte mal con tu pareja, te hacen perder la cabeza y eso no te va a ayudar en nada para que se entregue a Cristo, ¡al contrario! Tus celos van a causar que tu pareja se aleje más de Dios y de ti.

¿Y si es cierto que mi pareja anda con otra persona?

Por el bien tuyo, el de tu pareja y el de tus hijos, ¡nunca te divorcies! El divorcio es una de las pocas cosas que dejan heridas, cicatrices, huellas que en esta vida nunca se podrán borrar; después de un divorcio, jamás será la misma, ni para ti, ni para tu pareja, menos para tus hijos; <u>ya nunca más será la misma</u>; muy pocas cosas en esta vida hacen los estragos que hace el divorcio.

Por esto mismo el Señor Jesucristo fue muy firme en contra del divorcio, porque después de una desintegración familiar ya nunca más es la misma para ninguno de los involucrados.

> Y se acercaron los fariseos y le preguntaron, para tentarle, si era lícito al marido repudiar a su mujer. Él, respondiendo, les dijo: ¿Qué os mandó Moisés? Ellos dijeron: Moisés permitió dar carta de divorcio, y repudiarla. Y respondiendo Jesús, les dijo: Por la dureza de vuestro corazón os escribió este mandamiento; pero al principio de la creación, varón y hembra los hizo Dios. Por esto dejará el hombre a su padre y a su madre, y se unirá a su mujer, y los dos serán una sola carne; así que no son ya más dos, sino uno. <u>Por tanto, lo que Dios juntó, no lo separe el hombre.</u> (Marcos 10:2-9)

Por lo tanto, lo que Dios juntó, no lo separe el hombre: ¡No se divorcien! El matrimonio es para siempre.

Busqué la palabra divorcio en la concordancia y me asombré al darme cuenta de que solo existe cinco veces en toda la Biblia; esto a mí me muestra que la palabra divorcio no debe de existir en el diccionario de los cristianos.

Creo firmemente que los cristianos, en lo último que deben de pensar cuando tienen problemas matrimoniales, es en el divorcio: nunca acaricies esa idea.

Por más grandes que sean tus problemas, si te agarras de la mano de Dios, descubrirás que siempre hay una respuesta, y cada vez que salgas de la crisis, darás gracias a Dios por seguir casado (a) con la misma persona.

La mayoría de los problemas matrimoniales tienen una respuesta en Cristo Jesús y en su palabra; el divorcio se debe de evitar a más no poder.

Hermana, si usted tiene a su cónyuge inconverso, ¡cargue su cruz! Todos los hijos de Dios cargamos nuestra propia cruz, unos de un tipo, otros de otro, pero todos los cristianos cargamos nuestra cruz; guárdese fiel a Dios, luche por su matrimonio con todas sus fuerzas, y cuando éstas falten, una vez más venga a Dios, y una vez más él le va a ayudar.

> ¿No has sabido, no has oído que el Dios eterno es Jehová, el cual creó los confines de la tierra? No desfallece, ni se fatiga con cansancio, y su entendimiento no hay quien lo alcance. El da esfuerzo al cansado, y multiplica las fuerzas al que no tiene ningunas. Los muchachos se fatigan y se cansan, los jóvenes flaquean y caen; pero los que esperan a Jehová tendrán nuevas fuerzas; levantarán alas como las águilas; correrán, y no se cansarán; caminarán, y no se fatigarán. (Isaías 40:28-31)

> Venid a mí todos los que estáis trabajados y cargados, y yo os haré descansar. (Mateo 11:28)

En estos 18 años que tengo pastoreando, muchas veces he tratado con todo tipo de problemas matrimoniales, desde los más insignificantes hasta los más serios; pero vez tras vez he animado a los cónyuges cristianos a luchar por sus matrimonios; y vez tras vez hemos visto cómo Dios los ha sacado adelante.

En mi vida ministerial nunca he cargado con el dolor de algún divorcio, y creo que los únicos que son un fuerte candidato a ello, son esas parejas en donde ninguno de los dos quiere ceder; pero si uno de los dos se guarda luchando, hay muchas posibilidades de restauración.

Cuando he estado cerca de un divorcio, es cuando la mujer está siendo golpeada y su vida y la de sus hijos están en peligro; el último consejo que doy es que se separe por un tiempo razonable, pero que no busque el divorcio, y si su cónyuge se lo pide, que no se lo de, al menos por un tiempo considerable, para darle más tiempo a Dios, y gracias a Dios, todavía no se ha dado un divorcio. ¡Qué Dios nos ayude!

CAPÍTULO 11

El adulterio

No me cabe la menor duda de que estamos viviendo una de las épocas más malvadas de la historia y con más inmoralidad sexual, el sexo se ha convertido en un Dios para nuestra generación. El apóstol Pablo profetizó que en los últimos días iba a haber un incremento considerable de la maldad; hoy lo estamos viviendo y enfrentando en carne propia.

La inmoralidad sexual está en su mero apogeo; las modas sensuales están jugando un papel muy importante en ello, la pornografía, la liberación femenina, etc.

Los matrimonios estamos siendo bombardeados constantemente y a cada día se pone peor por la inmoralidad sexual. La televisión prácticamente se ha convertido en un instrumento de Satanás que está inundando de inmundicia a las familias.

Doy gracias a Dios por pertenecer a un compañerismo donde nuestro líder Wayman Mitchell prohíbe a los pastores y a todos los que quieran tener ministerios en la iglesia, que tengan televisión en sus hogares; esta medida ha traído mucha salud a mi matrimonio y a mis hijos.

No tengo la menor duda de que la salud espiritual en la que se ha guardado mi familia en estos 22 años de matrimonio se debe en gran parte a que nunca hemos tenido televisión en mi hogar; no tengo no solo porque sea una regla de nuestro compañerismo, sino por convicción propia.

La inmoralidad sexual en la televisión ha ido en aumento y no creo que eso se vaya a detener. Las perversiones sexuales van en aumento y tal parece ser que Sodoma y Gomorra han vuelto.

Me impresionó mucho ver la inmoralidad que hay en el país de Holanda; grandes anuncios en las ciudades y carreteras mostrando a bellas prostitutas prácticamente desnudas ofreciendo sus servicios. El bombardeo sigue en aumento, parece ser que la familia ya no tiene esperanza de seguir existiendo, parece ser que los matrimonios se van a extinguir de la faz de la tierra.

Pero hay esperanza todavía, Dios y su palabra siempre tienen una respuesta.

Hay algunas cosas que quiero compartirte, y que seguramente te ayudarán a guardarte del adulterio.

El adulterio tiene que ver con relaciones sexuales fuera del matrimonio, o cuando una persona casada tiene relaciones sexuales con alguien que no es su cónyuge.

Cristo Jesús fue más lejos todavía en el tema:

> Pero yo os digo que cualquiera que mira a una mujer para codiciarla, ya adulteró con ella en su corazón. (Mateo 5:28)

Dios llamó al adulterio, pecado, por lo tanto, es algo malo; algo que Dios prohíbe practicar; es uno de los primeros diez mandamientos de la ley y en el nuevo testamento este mandamiento fue confirmado.

> ¿No sabéis que los injustos no heredarán el reino de Dios? No erréis; ni los fornicarios, ni los idólatras, ni los adúlteros, ni los afeminados, ni los que se echan con varones. (1ª Corintios 6:9)

Dios en su sabiduría sabía muy bien del por qué estaba prohibiendo el adulterio; Dios nunca dio un mandamiento para hacerle la vida cansada al ser humano, ¡todo lo contrario! Cada mandamiento de Dios lleva como propósito evitarnos un sinfín de dolores, sufrimientos, fracasos y hasta el mismo infierno; así que cada mandamiento tiene su razón de ser, y sería muy bueno que le pusiéramos atención a la sabiduría de Dios: <u>no cometerás adulterio.</u>

Cada vez que el ser humano ha tenido "mejores ideas" que las de Dios, ha caído en un sinnúmero de sufrimientos. Esta es la razón por la que el mundo el día de hoy está inundado de todo tipo de perversiones sexuales, de divorcios, de madres y padres solteros, de hijos sin uno de sus padres, de SIDA y de todo tipo de enfermedades venéreas. Porque una gran cantidad de seres humanos han tenido "una mejor idea" que la de los mandamientos de Dios.

Decía una de las canciones de Los Apson: *"por eso estamos como estamos"*.

LAS HERIDAS QUE CAUSA EL ADULTERIO

Cuando alguien va a adulterar, lo único que mira es el placer y la belleza de la persona con la que va a adulterar, pero jamás mira con claridad la otra cara de la moneda. Si supiera las consecuencias del pecado, nunca pecara. Seguramente el ser humano entra en un estado de ceguera, una ceguera que no le permite ver la otra cara del pecado: la cara de las consecuencias.

> ¿Y por qué, hijo mío, andarás ciego con la mujer ajena, y abrazarás el seno de la extraña? (Proverbios 5:20)

Por cuanto el adulterio es pecado, jamás se podrán evitar las consecuencias; por más astuto que seas, el pecado es pecado y no quedarás sin daño. Seguramente al principio te traerá mucho placer; ésa es y ha sido siempre la carnada: placer, pero después viene la realidad: las consecuencias.

> El alma que pecare, esa morirá. (Ezequiel 18:4)
>
> La paga del pecado es muerte. (Romanos 6:23)
>
> El ocuparse de la carne es muerte. (Romanos 8:6)
>
> Porque si vivís conforme a la carne, moriréis. (Romanos 8:13)

Pero desgraciadamente ha abierto su corazón y su mente al adulterio, a codiciar a alguien que no es su cónyuge, no piensa en esto; ha entrado en un estado de engaño, donde lo que más mira es el placer de esa experiencia.

Ya hemos hablado de Satanás como el padre de mentira y algunos todavía no lo quieren creer; él nos ofrece pecar sin consecuencias.

Como los médicos, que ahora hacen algunas operaciones sin dolor; este es uno de los engaños más antiguos del diablo: peca, no te va a pasar nada malo, solo lo vas a disfrutar, todo va a salir bien.

Vayamos con la primera incauta: Eva.

> <u>Pero la serpiente era astuta</u>, más que todos los animales del campo que Jehová Dios había hecho; la cual dijo a la mujer: ¿Conque Dios os ha dicho: No comáis de todo árbol del huerto? Y la mujer respondió a la serpiente: Del fruto de los árboles del huerto podemos comer; pero del fruto del árbol que está en medio del huerto dijo Dios: No comeréis de él, ni le tocaréis, para que no muráis. Entonces la serpiente dijo a la mujer: **No moriréis**; sino que sabe Dios que el día que comáis de él, serán abiertos vuestros ojos, y seréis como Dios, sabiendo el bien y el mal. Y vio la mujer que el árbol era bueno para comer, y que era agradable a los ojos, y árbol codiciable para alcanzar la sabiduría; y tomó de su fruto, y comió; y dio también a su marido, el cual comió, así como ella. (Génesis 3:1-6)

El adulterio

Nosotros ya conocemos el resto de la historia, pero Satanás sigue diciendo una y otra vez: ¡No moriréis! Pero ¡cuántos matrimonios siguen muriendo! ¡Cuántos buenos ministerios siguen muriendo! El engaño no va a parar.

> Porque los labios de la mujer extraña destilan miel, y su paladar es más blando que el aceite; mas su fin es amargo como el ajenjo, agudo como espada de dos filos. (Proverbios 5:3-4)

La oferta, siempre parece muy buena, pero al final viene la verdad.

> Lo rindió con la suavidad de sus muchas palabras,
> Le obligó con la zalamería de sus labios.
> Al punto se marchó tras ella,
> Como va el buey al degolladero,
> Y como el necio a las prisiones para ser castigado;
> Como el ave que se apresura a la red,
> Y no sabe que es contra su vida,
> Hasta que la saeta traspasa su corazón. (Proverbios 7:21-23)

Los pecados sexuales son los que aparentan más dulzura y placer, pero ¡qué paradoja! Son los que más consecuencias le han traído al ser humano, muchas heridas.

> Mas su fin es amargo como el ajenjo,
> Agudo como espada de dos filos.
> Sus pies descienden a la muerte;
> Sus pasos conducen al Seol. (Proverbios 5:4-5)

> Para que te guarden de la mala mujer,
> De la blandura de la lengua de la mujer extraña.
> No codicies su hermosura en tu corazón,
> Ni ella te prenda con sus ojos;
> Porque a causa de la mujer ramera el hombre es reducido a un bocado de pan;
> Y la mujer caza la preciosa alma del varón.
> ¿Tomará el hombre fuego en su seno
> sin que sus vestidos ardan?
> ¿Andará el hombre sobre brasas

sin que sus pies se quemen?
Así es el que se llega a la mujer de su prójimo;
No quedará impune ninguno que la tocare. (Proverbios 6:24-29)

Mas el que comete adulterio es falto de entendimiento;
Corrompe su alma el que tal hace.
Heridas y vergüenza hallará,
Y su afrenta nunca será borrada. (Proverbios 6:32-33)

Porque a muchos ha hecho caer heridos,
Y aun los más fuertes han sido muertos por ella. (Proverbios 7:26)

¡Qué poderosas escrituras! Todo esto es para hombres y mujeres, porque los dos corren el mismo peligro, aunque los hombres caemos más fácil, eso no quiere decir que la mujer es inmune al adulterio; en todo este caminar me ha tocado mirar a una buena cantidad de mujeres caer y perder sus matrimonios. Aquí la palabra de Dios nos dice que al final solo hallaremos heridas.

Mucha gente nunca tiene un matrimonio sano y fuerte, a causa del adulterio; hay muchos hijos en este mundo que han perdido a uno de sus padres a causa del adulterio. ¿Cuántos hombres tienen que estar dando dinero para hijos ilegítimos, quitándoles bendiciones a sus hijos legítimos?

El adulterio siempre ha dejado más heridas que placer; esta es la razón por la cual nuestro sabio Dios dijo: no adulterarás.

¿CÓMO EVITAR EL ADULTERIO?

Qué maravilloso es poder tener la esperanza de que nuestros matrimonios nunca tengan que vivir el adulterio; que nuestros hijos nunca tengan que sufrir ese dolor. Si somos ministros del evangelio, que nuestro ministerio nunca tenga que sufrir la caída por causa del adulterio. ¡Qué tremendo es descubrir que todavía hay una esperanza en nuestro Dios! Aunque este mundo se está pudriendo más y más en su inmoralidad, nuestro matrimonio puede mantenerse fuerte en Dios.

> Caerán a tu lado mil, y diez mil a tu diestra; mas a ti no llegará.
> (Salmo 91:7)

Nuestro matrimonio no tiene que caer en el adulterio *¡jamás!*

Yo quiero hablarte de algunas cosas que te ayudarán a evitar la desgracia del adulterio.

Una relación de amigos

En capítulos anteriores les hablé un poco de la necesidad de verse como amigos. El libro de Cantares nos habla un poco a cerca de ello y quiero relacionarlo con el tema que estamos tratando. Si hay algo que nos va a ayudar a evitar el adulterio, es tener una buena relación de amigos.

> Alégrate con la mujer de tu juventud. (Proverbios 5:18)

Vivan en un estado de alegría, de camaradería, de amigos; esto seguramente les ayudará a mantenerse enamorados el uno del otro.

Una de las fallas que he descubierto en parejas que han sido visitadas por el adulterio, es la falta de una buena amistad entre ellos; hay pleitos constantes, y eso va empujando a la pareja a pensar en otras personas que sí son muy amables con ellos; no tardan mucho en enamorarse de otra persona y poco a poco se empieza a desarrollar el adulterio; primero en la mente y después en la realidad.

La falta de amistad en el matrimonio ha sido una de las causas que yo he conocido por la cual muchas personas casadas han adulterado.

La gran falla en la mayoría de los hombres es el mirar a su esposa como a algo inferior, como a una sirvienta o como si fuera su hija mayor pero no como su amiga, por lo tanto, no la trata como amiga.

Cuando tú miras a tu esposa como amiga, le ayudas en muchas cosas, tratas de evitarle trabajos extras, la defiendes a muerte de tus hijos, ¡porque ella es tu amiga! Pero cuando se mira a la esposa como a algo inferior, siempre afectará tu relación con ella y seguramente la tendrás siempre descuidada.

Cada vez que comas, levanta el plato de la mesa, enséñales lo mismo a tus hijos; no dejes tirados los zapatos, ni la ropa; tu esposa no es tu sirvienta, ¡es tu amiga! Tu compañera de la vida, ¡trátala como tal! Eso ayudará bastante a mantener una relación de amigos entre ustedes y la amistad entre ustedes será una tremenda protección en contra del adulterio.

Cuando la esposa es tu amiga, le das un buen trato, no abusas de ella; así, te estás ganando la mejor amiga que puedes tener en esta vida.

Esta es una buena oportunidad para usar una escritura que ya usé atrás,

> Maridos amad a vuestras mujeres, y no seáis ásperos con ellas. Colosenses3:19)

Ahora vamos con las esposas. Una de las fallas más comunes en las esposas es la siguiente: el no respetar a sus maridos; sacar por la boca todo lo que se le viene a la mente, el no pensar antes de hablar, darle rienda suelta a la ira y usar palabras que hacen pedazos al esposo.

Mi querida hermana, ¡no tiene que hablar todo lo que se le viene a la mente! Si usted no tiene control de su carácter y de su boca, causará un severo daño en su relación con su esposo, creará una enemistad que poco a poco puede empujar a su matrimonio hacia el adulterio. Así como su esposo tiene la obligación de tratarla bien a usted, usted también tiene la misma obligación hacia él.

> Por lo demás, cada uno de vosotros ame también a su mujer como a sí mismo; y la mujer respete a su marido. (Efesios 5:33)

Un buen trato a su marido ayudará bastante a crear una buena amistad entre ustedes y esa amistad será una protección en contra del adulterio; pero un mal trato hacia su esposo convierte su matrimonio en una presa fácil del adulterio.

> Mejor es morar en tierra desierta que con la mujer rencillosa e iracunda. (Proverbios 21:19)

Usted como esposa puede empujar prácticamente a su esposo a que cometa adulterio.

Los dos tienen la misma responsabilidad de tratarse como amigos, de desarrollar una fuerte amistad entre ustedes, la amistad cerrará las puertas al adulterio.

Relaciones sexuales satisfactorias

Otra de las causas principales que he visto y por la cual parejas han caído en adulterio ha sido la falta de relaciones sexuales satisfactorias.

Algunos cónyuges adulteran a causa de la mala relación que llevan con su pareja, la falta de una buena amistad en el matrimonio, pero otros adulteran a causa de la falta de satisfacción sexual.

Si hay un descuido en las relaciones sexuales, se convierte en una fácil plataforma para el adulterio.

> Bebe el agua de tu misma cisterna, y los raudales de tu propio pozo. (Proverbios 5:15)

¡No busques por otro lado! La pregunta es: ¿Nuestra cisterna y nuestro pozo (cónyuge) quiere darnos de su agua? ¿Qué si nuestra cisterna (esposa) o pozo (esposo) se muestran secos e indiferentes y no quieren dar de beber?

Hermana cisterna: ¿su esposo encuentra siempre el agua suficiente, el placer sexual suficiente en usted? Hermano pozo: ¿tu esposa encuentra siempre el agua suficiente, el placer sexual suficiente en ti? Este es un deber que los dos tienen.

> El marido cumpla con la mujer el deber conyugal, y asimismo la mujer con el marido. (1ª Corintios 7:3)

La Biblia paráfrasis lo describe de esta manera: *"El hombre debe satisfacer los derechos conyugales de su esposa, y lo mismo la esposa hacia su esposo"*.

Muchos hombres carecen de sabiduría para tratar a la mujer, para conocerla. Hay hombres que creen saber hacer el amor y se creen un semental, un *macho man*, pero la realidad es que no saben hacer sabiamente el amor con su esposa.

La naturaleza de la mujer es muy diferente a la nuestra; a la mujer se necesita trabajarla desde muy temprano, desde que empieza el día prácticamente; con un buen trato, con palabras románticas, flores, tarjetas, y todavía cuando se llega la hora, ella todavía quiere platicar románticamente en la cama. ¿Qué desespero no? No está apurada, ¡así es la mujer! Si tú haces eso, ella se entregará a ti de una manera tan tremenda que ya no te quedará de otra, más que, siempre prepararla de la misma manera; ¡vale la pena! ¡Siempre valdrá la pena!

> Su izquierda esté debajo de mi cabeza, y su derecha me abrace. (Cantares 2:6)

Ellas no están muy apuradas para que el esposo se ponga en la posición final; ellas quieren seguir siendo acariciadas.

> He aquí que tú eres hermosa, amiga mía; he aquí que tú eres hermosa;
> Tus ojos entre tus guedejas como de paloma;
> Tus cabellos como manada de cabras
> Que se recuestan en las laderas de Galaad.
> Tus dientes como manadas de ovejas trasquiladas,
> Que suben del lavadero,
> Todas con crías gemelas,
> Y ninguna entre ellas estéril.
> Tus labios como hilo de grana,
> Y tu habla hermosa;
> Tus mejillas, como cachos de granada detrás de tu velo.
> Tu cuello, como la torre de David, edificada para armería;
> Mil escudos están colgados en ella,
> Todos escudos de valientes.
> Tus dos pechos, como gemelos de gacela,
> Que se apacientan entre lirios. (Cantares 4:1-5)

¿Te das cuenta de la naturaleza de la mujer, de lo que a ellas les gusta? La naturaleza desesperada del hombre deja a la mujer, toda frustrada; la esposa solo se siente usada, como si fuera una prostituta; y hay esposas que casi nunca experimentan un orgasmo, ese clímax que tan fácil experimentamos los hombres. Esta es una de las razones por la cual muchas esposas les tienen pavor a las relaciones sexuales, llegan con temor y temblor cada noche a la cama, porque lo único que sacan de las relaciones sexuales es dolor físico y frustración, porque tienen a un esposo egoísta que siempre está interesado en sacar su propio placer, pero no son capaces de llevar a la esposa al placer sexual.

La mujer también fue creada con la necesidad de placer sexual, no es una muñeca de trapo que no siente; la mujer necesita ese relajamiento físico y emocional que produce una buena relación sexual.

Hay hombres que se quejan: *¡Mi mujer es muy fría!* La mayoría de las veces eso no es cierto, simplemente el hombre no sabe tratar a su esposa, no sabe prepararla. Si cada uno de ustedes hombres ponen atención a la naturaleza de la mujer y empiezan a tratarla como ella lo necesita, se sorprenderán de la respuesta sexual de su mujer.

Esposo, pregúntale a tu mujer qué es lo que a ella le motivaría a tener relaciones sexuales más seguido contigo; cuando ella hable, no digas que son cursilerías, ¡son necesidades reales en toda mujer!

Nosotros los hombres ¡somos tan diferentes! Estamos listos inmediatamente; esa es nuestra naturaleza, pero no la de ellas.

Tu puedes desnudarte delante de tu esposa y lejos de causarle tentación, le causarás lastima; ellas no necesitan vernos desnudos, necesitan romanticismo y otras cosas que les acabo de hablar anteriormente.

Hombres hoscos, desesperados, ásperos, con mal carácter, etc., siempre serán un fracaso en las relaciones sexuales con su esposa; hacer el amor no es solamente meter el pene en la vagina de su esposa y terminar, eso hacen los animales. Las relaciones sexuales entre un matrimonio son muy diferentes, ¡deben ser diferentes! Si le das el trato de amiga, la conoces y haces cosas que la entusiasmen, eso causará muy buenas relaciones sexuales en tu matrimonio; y buenas relaciones sexuales en tu matrimonio son una protección en contra del adulterio.

Ahora vamos con las esposas. Esposa: ¿ama a su esposo? ¿Le gustaría que su esposo fuera solo para usted? ¿Sabía que usted también puede ayudar mucho para evitar el adulterio en su matrimonio? ¿Que usted también al igual que su esposo tiene responsabilidades sexuales con él?

> El marido cumpla con la mujer el deber conyugal, y <u>asimismo la mujer con el marido.</u> (1ª Corintios 7:3)

Una de las crueldades que yo miro en los celos de algunas esposas es que, aparte de que celan a sus maridos, los tratan mal y no les dan buenas relaciones sexuales, cuando debe de ser todo lo contrario; si usted siente celos, siente que su esposo está poniendo el corazón en otra mujer, en vez de tratarlo mal y pelear ¿por qué mejor no se pregunta: en qué estoy fallando? Y mejor se dedica a hacerle la misma pregunta a su esposo y si él le da algunas quejas, pues a trabajar en ello. Si toda esposa que es atacada por el demonio de los celos hiciera esto, yo creo que ese demonio en vez de afectarle terminaría ayudándole en su vida matrimonial.

Me tocó saber de una mujer, que cuando su esposo le pedía relaciones sexuales, ella le decía: "A mí no me andes con esas cochinadas, vete a la zona (roja), por mí no te preocupes".

Muchas mujeres siguen pensando que el sexo es algo sucio y muchas de nuestras mujeres cristianas vienen cargando con muchos prejuicios que recibieron de sus familias a causa de la ignorancia de Dios en sus vidas. El sexo fue creado por Dios mismo, pero fue exclusivamente para el matrimonio, fuera del matrimonio el sexo es sucio y pervertido, no así dentro del matrimonio. Una inmadurez en esta área puede causar que usted empuje a su esposo al adulterio y arruine a su familia.

> La mujer sabia edifica su casa; mas la necia con sus manos la derriba. (Proverbios 14:1)

Es importante que usted sepa que el hombre necesita sexo más seguido que la mujer; tenemos una naturaleza diferente, todavía no entiendo por qué, pero así es. Esposa, si no quiere que su matrimonio se vea arruinado por el adulterio, es muy necesario que usted como esposa ponga de su parte; usted necesita poner atención a las necesidades sexuales de su esposo. Una mujer sabia puede evitar el adulterio en su matrimonio.

Hay mujeres que le ponen más atención a los hijos que llegaron después, que al mismo esposo que fue primero; si usted hace eso, ni usted, ni sus hijos saldrán bien librados; su esposo necesita atención sexual.

La palabra de Dios le dice al esposo: bebe el agua de tu misma cisterna; esposa: ¿usted provee continuamente esa agua, ese placer sexual a su esposo?

> Sea bendito tu manantial, y alégrate con la mujer de tu juventud. (Proverbios 5:18)

Este es un mandamiento de Dios para los hombres, pero mujer: ¿usted da oportunidad a que su esposo se alegre con usted, a que tenga placer sexual con usted?

> Como cierva amada y graciosa gacela.
> Sus caricias te satisfagan en todo tiempo,
> Y en su amor recréate siempre. (Proverbios 5:19)

¿Su esposo es acariciado y amado constantemente por usted? Si usted tiene estos cuidados, su esposo nunca tendrá la necesidad de abrazar a una mujer extraña.

> ¿Y por qué, hijo mío, andarás ciego con la mujer ajena,
> Y abrazarás el seno de la extraña? (Proverbios 5:20)

El hombre se excita por lo que ve

> Oísteis que fue dicho: No cometerás adulterio. Pero yo os digo que cualquiera que mira a una mujer para codiciarla, ya adulteró con ella en su corazón. (Mateo 5:27-28)

¡Qué diferentes somos los hombres! ¿Verdad? Mientras que la mujer es demasiado romántica y soñadora, los hombres somos afectados por lo que miramos. Hasta la fecha no alcanzo a entender esta naturaleza nuestra, pero ahí está, no se va a quitar en esta vida; cada hombre necesita enfrentar esta realidad y obtener la victoria y nuestra esposa puede ser de gran ayuda en ello.

> ¡Cuán hermosos son tus pies en las sandalias, Oh hija de príncipe!
> Los contornos de tus muslos son como joyas,

> Obra de mano de excelente maestro.
> *Tu ombligo como una taza redonda*
> Que no le falta bebida.
> Tu vientre como montón de trigo
> Cercado de lirios.
> Tus dos pechos, como gemelos de gacela.
> Tu cuello, como torre de marfil;
> Tus ojos, como los estanques de Hesbón junto a la puerta de Bat-rabim;
> Tu nariz, como la torre del Líbano,
> Que mira hacia Damasco.
> Tu cabeza encima de ti, como el Carmelo;
> Y el cabello de tu cabeza, como la púrpura del rey
> Suspendida en los corredores.
> ¡Qué hermosa eres, y cuán suave, Oh amor deleitoso!
> Tu estatura es semejante a la palmera,
> Y tus pechos a los racimos.
> Yo dije: Subiré a la palmera,
> Asiré sus ramas.
> Deja que tus pechos sean como racimos de vid,
> Y el olor de tu boca como de manzanas. (Cantares 7:1-8)

Aquí vemos a un esposo codiciando a su esposa; los hombres somos así, pero para serlo con nuestra esposa.

En una ocasión le aconsejaron a Gwen Wilkerson (esposa de David Wilkerson) que tendría que arreglarse mejor para su marido; David Wilkerson estaba en la cúspide del éxito, y seguramente estaba siendo bombardeado por Satanás. El consejo era, que se arreglara más para su marido, ¿Por qué? Porque el hombre es impactado por lo que mira.

Esposa, si quiere tener un esposo enamorado de usted, un esposo que se excita con usted, es necesario que usted busque qué cosas llaman la atención de su esposo. Desde la manera de vestir interior hasta la exterior; para el esposo eso es muy importante; una mujer descuidada en su manera de vestir tanto interior como exterior, seguramente afectará la relación con su esposo.

¿Qué diremos del cuidado físico? Desde la limpieza hasta el cuidado de su cuerpo; es muy importante que usted sea una mujer limpia; además, no dejar caer su cuerpo, el engordar y dejar que el cuerpo agarre para donde quiera; no nomás le va a afectar en su salud, pero también en su relación con su esposo.

Una gran cantidad de mujeres han crecido sin la cultura del ejercicio y al casarse, son las primeras que se empiezan a deformar; eso no es bueno, ni para usted, ni para su matrimonio.

Yo le animo a que se discipline en el comer y en el hacer ejercicio, eso le traerá grandes beneficios físicos y matrimoniales; yo creo que, si usted tiene ese cuidado, usted misma se sentirá enriquecida en la vida. ¡Cuide su cuerpo! Cuidando su cuerpo cuidará su matrimonio; esto ayudará mucho a su esposo, no nada más a que esté enamorado de usted, pero para él será más fácil serle fiel a Dios. Como esposa, usted es la única persona en el mundo que debe y puede suplir esta necesidad a su esposo.

Lo que excita a la mujer

Lo que excita a la mujer es muy diferente a lo que excita al hombre; mientras que el hombre es excitado por lo que ve, la mujer es excitada por el buen trato. La naturaleza de la mujer es muy diferente a la del hombre, ¡y que bueno! Porque si la mujer se excitara así de fácil como el hombre, yo creo que no hubiera ni un solo matrimonio en buenas condiciones.

Cuando un hombre se queja de que su esposa es fría, quizá todavía no ha conocido la naturaleza de la mujer; es muy raro que una mujer sea fría, lo que pasa es que no se enciende tan fácil como el hombre; ella necesita un trabajo desde que empieza el día, mientras que el hombre se enciende en cuestión de segundos.

Siento necesario usar una vez más el consejo del Apóstol Pedro:

> Vosotros, maridos, igualmente, vivid con ellas sabiamente, dando honor a la mujer <u>como a vaso más frágil</u>. (1ª Pedro 3:7)

Si tú hombre, entiendes la naturaleza de la mujer, le darás un buen trato; si empiezas a hacerlo desde temprano en la mañana, en la noche estará más que lista para entregarse a ti.

Ella lo puede hacer por responsabilidad, porque ama a Dios, pero nunca se comparará a cuando se entrega por amor y cariño a ti, la entrega es única e incomparable. Hombre: ¿te gustaría que tu esposa se entregara a ti de una manera plena? ¡Trátala bien! ¡Sé romántico con ella, regálale flores, tarjetas; usa palabras sabias! Esa es la naturaleza de la mujer.

> He aquí que tú eres hermosa, amiga mía; he aquí que tú eres hermosa;
> Tus ojos entre tus guedejas como de paloma;
> Tus cabellos como manada de cabras
> Que se recuestan en las laderas de Galaad.
> Tus dientes como manadas de ovejas trasquiladas,
> Que suben del lavadero,
> Todas con crías gemelas,
> Y ninguna entre ellas estéril.
> Tus labios como hilo de grana,
> Y tu habla hermosa;
> Tus mejillas, como cachos de granada detrás de tu velo.
> Tu cuello, como la torre de David, edificada para armería;
> Mil escudos están colgados en ella,
> Todos escudos de valientes.
> Tus dos pechos, como gemelos de gacela,
> Que se apacientan entre lirios. (Cantares 4:1-5)

Esa es la naturaleza de la mujer; si tú la alabas, la tratas con delicadeza, tendrás muy buenos resultados en las relaciones sexuales.

> Su izquierda esté debajo de mi cabeza,
> Y su derecha me abrace. (Cantares 2:6)

Esto habla de la naturaleza de la mujer; la mujer es soñadora, le gusta que el hombre entre con calma a la cama, que el brazo izquierdo de su esposo esté debajo de su cabeza, y que con el derecho la esté abrazando y acariciando tranquilamente y hablándole palabras de amor. Si tú no entiendes eso, siempre estarás muy desesperado y vez tras vez

...s tus relaciones sexuales, dejando a tu esposa toda frustrada, ...ndose frustrada solamente y sin experimentar el gozo del orgasmo; ...or eso muchas mujeres le sacan la vuelta al sexo, porque no están sacando ningún provecho de ello, solo dolor y frustración.

Mientras tengan a un esposo que busca primero lo suyo y que no sea capaz de llevarla a un orgasmo fuerte, que sea placentero para ella, a la mujer no le llamará la atención el sexo.

Cada esposa necesita experimentar lo más que sea posible orgasmos que la relajen física y emocionalmente; si tú como esposo logras eso, tendrás en tu esposa una mujer amorosa que se entregará a ti en la cama de una manera plena.

Tanto el hombre como la mujer, si tienen cuidado de estas cosas, difícilmente el adulterio arruinará su matrimonio.

Que Dios nos ayude a llegar juntos hasta el final.

CAPÍTULO 12

Padres diligentes

Si tuviéramos la oportunidad de examinar la niñez que tuvieron los que ahora son asesinos, asaltantes, viciosos, narcotraficantes, homosexuales, lesbianas, prostitutas, corruptos, rateros, violentos, divorciados, etc., nos asombraríamos con lo que íbamos a descubrir; miraríamos en todos ellos a unos niños inocentes y normales; niños que no se miraría en ellos ninguna capacidad para que un día se convirtieran en los mal vivientes que ahora son; pero ¿qué pasó con cada uno de esos niños? ¿Cómo estuvo que perdieron su inocencia y se convirtieron en lo malo que ahora son? ¿Dónde quedó aquella inocencia? Si el Señor los hubiera visto, hubiera dicho: "De ellos es el reino de los cielos". Pero, ahora han crecido y sus vidas van camino al mismo infierno.

¿Qué pasó? No tengo ni la menor duda de que la principal falla se llevó a cabo dentro de los hogares de estas personas.

Está comprobado que la mayoría de los mal vivientes provienen de una familia desintegrada, donde por lo regular los padres nunca se prepararon para ser padres; padres que nunca se educaron para dirigir a sus hijos, una gran cantidad de padres nunca han leído un solo libro que los dirija por el camino de la paternidad; cada quien ha dirigido a sus hijos de acuerdo con lo que vio en sus padres, en los vecinos, en el compadre, etc. La mayoría de la maldad que hoy estamos viendo proviene de hogares que no han tenido dirección sabia.

Es muy difícil, casi imposible que un hijo que ha sido dirigido correctamente por sus padres termine en el vandalismo.

> Instruye al niño en su camino, y aun cuando fuere viejo no se apartará de él. (Proverbios 22:6)

UNA SERIA PREOCUPACIÓN POR EL FUTURO DE NUESTROS HIJOS

La oración de Manoa padre de Sansón refleja la seria preocupación que debemos tener todos los padres, preocupación por el futuro de nuestros hijos.

> Entonces oró Manoa a Jehová, y dijo: Ah, Señor mío, yo te ruego que aquel varón de Dios que enviaste vuelva ahora a venir a nosotros, y nos enseñe lo que hayamos de hacer con el niño que ha de nacer.
> Entonces Manoa dijo: Cuando tus palabras se cumplan, ¿Cómo debe ser la manera de vivir del niño, y qué debemos hacer con él? (Jueces 13:8 y 12)

Considero que nuestros hijos no se merecen menos que eso, ¡son nuestros hijos! ¡Uno de los regalos más maravillosos que hemos recibido en esta vida!

No hace mucho leí un pequeño, pero muy buen libro que se llama: "Sus hijos, barro en sus manos". Con este título, la escritora enseña que los padres tienen suficiente poder para influenciar correctamente a sus hijos, los pueden moldear. Eso es cierto, pero se debe empezar desde que ellos nacen, se debe tener esa preocupación inclusive desde el embarazo.

Recuerdo el primer embarazo de mi esposa y de cómo estuvimos leyendo nuestro primer libro en cuanto a los hijos, y esa ha sido nuestra costumbre en estos 19 años de paternidad.

El no tener esta preocupación, actualmente nos está dando un mundo peligroso y lleno de maldad; nuestro mundo está lleno de políticos corruptos, personas avaras, viciosas, asaltantes, rateros, pandilleros, secuestradores, asesinos, crueles, adúlteros, fornicarios, divorciados, homosexuales, lesbianas, prostitutas; gente rencorosa, celosa, envidiosa, iracunda, etc.

La vida de muchos seres humanos el día de hoy es un desastre. Toda esta gente un día fueron unos niños inocentes, que estuvieron quizá en algunas ocasiones en los brazos de sus padres; la pregunta aquí es, ¿qué dirección recibieron en sus hogares mientras crecían? Lo más seguro es que en la mayoría de sus hogares no existió la preocupación de Manoa y ¿cuáles fueron los resultados? ¡Un mundo peligroso!

Si tú y yo somos cristianos, ¿qué le vamos a dar al mundo? Nuestros hijos, ¿serán una bendición o una maldición para la humanidad? Mucho dependerá de lo que hoy estemos haciendo con ellos; esta no es solamente responsabilidad de la madre. Desgraciadamente muchos hombres se hacen a un lado y le dejan todo el peso a la esposa, y eso siempre terminará mal, la preocupación debe de ser de ambos padres.

Lo tremendo es que la palabra de Dios también tiene toda la dirección necesaria para que hagamos de nuestros hijos una bendición.

Hay cuatro cosas que encuentro en la palabra de Dios, cuatro cosas que han sido parte de mi vida familiar y que me han dado resultados satisfactorios hasta el momento; tales cosas he tenido el cuidado de practicarlas, y veo la mano de Dios sobre mis hijos. Mi hijo Jacob tiene 19 años y mi hija Raquel acaba de cumplir los 15, y verdaderamente han sido una gran bendición para mi esposa, para mí y para mi ministerio; ahí están, no nada más viviendo para Dios, pero también sirviendo a Dios. Jacob en estos momentos está dirigiendo las alabanzas en la iglesia y toca la batería con el grupo Los Hijos de Consolación, Raquel es la tecladista en las alabanzas de la iglesia; además desde pequeños han estado tocando y cantando conmigo; han crecido sirviendo a Dios a mi lado.

Antes de que aprendieran a leer ya tenía cada uno su Biblia ilustrada, y cuando empezaron a leer, la Biblia siempre ha sido su principal lectura; han pasado los años, y aparte de la Biblia siempre han estado leyendo buenos libros cristianos y cada mañana me acompañan a la oración. Creo que las cuatro cosas de las que le voy a hablar en unos momentos han sido pieza clave para estos logros; oro a Dios para que él me siga ayudando con mis hijos, y ruego a Dios que este libro te ayude a ti para el mismo propósito.

Disciplina

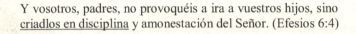
> Y vosotros, padres, no provoquéis a ira a vuestros hijos, sino criadlos en disciplina y amonestación del Señor. (Efesios 6:4)

La disciplina es uno de los mejores regalos que les podemos dar a nuestros hijos; una vida disciplinada desde pequeños los preparará para alcanzar grandes logros y vivir aquí en la tierra una vida plena, la disciplina es fundamental para ello, y eso se lo podemos enseñar desde muy temprano en la vida; "críenlos en disciplina", no los dejen crecer en un total desorden, que desde pequeños aprendan a no dejar tirada la ropa, los zapatos, que oren por los alimentos y al acostarse, que le ayuden a la mamá a levantar los platos de la mesa, que se levanten diariamente a cierta hora, que se acuesten también a cierta hora específica, que tengan su horario en las comidas, etc.

Como padres necesitamos vivir con ese cuidado de criar a nuestros hijos en disciplina, no les va a pasar nada malo, no se preocupe; la disciplina siempre ha sido una de las claves principales para el éxito, nosotros podemos establecerla en nuestros hijos desde pequeños. La disciplina siempre será una de las mejores cosas que podrás formar en tus hijos.

Esto significa un arduo trabajo, y es por eso que muchos padres no están guiando a sus hijos por un camino de disciplina, porque demanda un arduo trabajo; significa una labor desde el nacimiento del hijo hasta que lo entrega en matrimonio; estamos hablando de por lo menos 20 años, pero si lo hacemos, un día nos lo agradecerán toda la vida, y seguramente también nosotros tendremos una cosecha de satisfacciones, aparte de esto, le habremos dejado al mundo una bendición, un gran regalo.

Estas cosas podrán sonarte a pequeñeces, pero estas pequeñeces van forjando un buen carácter en tu hijo y lo van preparando para que un día se convierta en una persona de bien.

Criarlos en disciplina es una necesidad para ellos y después se convierte en una bendición para todos.

Corrección

> Y vosotros, padres, no provoquéis a ira a vuestros hijos, sino criadlos en disciplina y amonestación del Señor. (Efesios 6:4)

Amonestar tiene que ver con corregir, regañarle porque hizo algo incorrecto, algo malo; los hijos empiezan a hacer cosas incorrectas desde muy pequeños.

Salomón nos habla un poco más amplio en cuanto al tema.

> El que detiene el castigo, a su hijo aborrece;
> Mas el que lo ama, desde temprano lo corrige. (Proverbios 13:24)

Si tú has tenido hijos, ya habrás descubierto que desde muy pequeños empiezan a portarse mal; bueno, también desde muy pequeños hay que empezar a corregirlos, desde muy niños deben ellos familiarizarse con los regaños y con la varita, ellos deben saber que hay cosas malas que están haciendo; habrá ocasiones donde solo un regaño fuerte será suficiente, pero cuando reinciden en la falta, la varita debe de entrar en oración; es asombroso lo que la vara hace en el carácter de nuestros hijos.

> La necedad está ligada en el corazón del muchacho;
> Mas la vara de la corrección la alejará de él. (Proverbios 22:15)

> No rehúses corregir al muchacho;
> Porque si lo castigas con vara, no morirá.
> Lo castigarás con vara,
> Y librarás su alma del Seol. (Proverbios 23:13-14)

Al paso del tiempo me he encontrado con unos cuantos padres que no están de acuerdo con el castigar a sus hijos con una vara; padres que sienten lástima por sus hijos, pero el carácter de estos niños se distorsiona terriblemente, crecen siendo egoístas y siempre buscan salirse con la suya; atropellan a quien se les oponga en el camino, terminan convirtiéndose en unos candidatos fuertes al divorcio y a un sinfín de problemas en la vida.

Yo creo que si la palabra de Dios dice: vara, sería bueno usarla; si lo castigas con vara no morirá, ¡no le pasará nada!

Hay otros padres que se van al otro extremo, castigan y corrigen mal a sus hijos; les tiran a sus hijos con lo primero que encuentran, les jalan los cabellos, les dan pellizcones, manotazos, cachetadas, etc. Otros usan el cinto, con el cinto hay un problema, es más difícil de controlar y es más fácil de golpear a tu hijo en lugares incorrectos; cuando tu agarras una buena varita o tablita, y sientas a tu querido chamaco en tus piernas, no tendrás mucha dificultad para pegarle por lo menos tres buenos tablazos en sus nalgas. En ese lugar se experimenta un ardor muy especial, que causa cambios de carácter en cualquier niño o niña y a la vez no le causa ningún daño a su cuerpo.

Otros padres son muy buenos para gritar y para amenazar, pero eso no trae ningún beneficio al niño; si tú amenazas a tu hijo de que le vas a pegar si hace aquello, bueno, pues asegúrate de pegarle si hizo aquello, que no quede solo en amenaza, porque eso no le servirá de nada a tu hijo, lo seguirá haciendo, esa es la naturaleza humana.

> Por cuanto no se ejecuta luego sentencia sobre la mala obra, el corazón de los hijos de los hombres está en ellos dispuesto para hacer el mal. (Eclesiastés 8:11)

Que no quede en amenazas solamente.

Otros padres les pegan a sus hijos, pero hasta que sus hijos les sacaron el tapón, y es ahí cuando golpean mal a sus hijos. A los hijos no les debemos pegar nomás porque nosotros estamos enojados, les debemos pegar porque ellos hicieron algo malo, no tienes que esperarte a estar todo encolerizado para corregir a tus hijos; tus hijos necesitan ser corregidos cuando ellos han actuado mal, en el momento preciso.

¿Qué diremos de aquellos padres que hacen como que le pegan, pero que en realidad no le están pegando a sus hijos? ¡Puro escándalo! Si hay algo que va a cambiar el carácter de nuestros hijos es que los tablazos realmente les duelan. Tú debes conocer muy bien los diferentes llantos de tus hijos, unos son de chipilón, otro llanto es de enojado (enmulado) y otro llanto es el de dolor; este es el bueno, este es el que cambia el carácter del niño más difícil; llanto de dolor, y ese sale únicamente cuando los tablazos realmente duelen; asegúrate de que los tablazos verdaderamente les duelan a tus hijos.

Corregir a los hijos, es nunca dejarlos hacer lo que ellos quieran y que se salgan con la suya; mientras ellos estén bajo tu responsabilidad, debes tener el cuidado de que tus hijos obedezcan y vivan de acuerdo con tus convicciones.

Cuando los hijos están en la adolescencia, uno es tentado a evitar las correcciones, según para evitar problemas; pero si los dejamos ser en la adolescencia, se nos van a soltar y se van a ir más lejos de lo que te imaginas. En la adolescencia nuestros hijos experimentan ciertos cambios, se hacen más enojones, respondones. Tú como padre, ¡nunca bajes la guardia!

En la adolescencia de los hijos, es cuando el papá debe de estar más al pendiente, porque si no, los adolescentes se acaban a la madre; ellos descubren muy pronto que la madre es más frágil y nosotros como hombres debemos estar muy al pendiente de nuestra dama, pues, cuando ellos se casen nos habrán dejado una esposa medio despedazada.

David, a pesar de que fue un gran rey, como padre falló con su hijo Adonías.

> Y su padre nunca le había entristecido en todos sus días con decirle: ¿Por qué haces así? (1ª Reyes 1:6)

Nunca tuvo el cuidado de corregirlo, lo dejó ser, ¿y cuál fue el resultado? Un final triste; Adonías se rebela a su padre y usurpa el trono de David, de su mismo padre; el final de Adonías fue que su propio hermano, Salomón, lo mandó matar.

Este siempre ha sido el mismo destino que han tenido una gran cantidad de personas, porque sus padres nunca le fueron a la mano, nunca los corrigieron como debieran.

Lo mismo sucedió con el sacerdote Elí y sus dos hijos:

> Y le mostraré que yo juzgaré su casa para siempre, por la iniquidad que él sabe; porque sus hijos han blasfemado a Dios, y él no los ha estorbado. (1ª Samuel 3:13)

Al igual que David, Elí también dejó ser a sus hijos, no los corrigió como debió hacerlo, y el destino y el final que tuvieron estos muchachos fue muy triste.

Es muy importante empezar a corregirlos desde que empiezan a hacer cosas malas. Muchas veces, padres me han preguntado: "¿Desde qué edad es bueno empezar a pegarle a nuestros hijos?" Aunque no lo creas, pero son los niños los que deciden eso; mi hijo Jacob tenía 15 días de nacido cuando se nos pegó una tremenda enmulada, y recibió su primer regañada y su primera nalgada; ahí mismo él dio el banderazo de salida; lo que nunca se me va a olvidar, fue como se calló inmediatamente y me di cuenta de que, lo que la Biblia dice es verdad.

Si tú no empiezas a corregirlos desde temprano, ¡ahí te quiero ver cuando tus hijos estén en la adolescencia! Pero si los corriges desde temprano, como dice la palabra de Dios, en la adolescencia de tus hijos, tendrás menos dificultad; ellos llegarán a la adolescencia con un carácter quebrado, con un estilo de vida corregido y disciplinado; pero si tú no los corriges desde temprano, correrás el peligro o te sucederá lo que a muchos padres les ha pasado en cuanto sus hijos llegan a la adolescencia, se van al mundo, y empieza para ellos un triste peregrinar en esta vida.

> La vara y la corrección dan sabiduría;
> Mas el muchacho consentido avergonzará a su madre.
> Corrige a tu hijo, y te dará descanso,
> Y dará alegría a tu alma. (Proverbios 29:15 y 17)

Instrucción en la palabra de Dios

> Instruye al niño en su camino,
> Y aun cuando fuere viejo no se apartará de él. (Proverbios 22:6)

La Biblia paráfrasis lo describe de esta manera: *"Enséñale al niño a elegir la senda recta y cuando sea mayor permanecerá en ella"*.

El diccionario nos dice que instruir significa lo siguiente: dar lecciones, ciencia, conocimiento, educar, informar de una cosa.

Eso es precisamente lo que debemos hacer todos los padres con nuestros hijos, instruirlos en las verdades de Dios, darles lecciones, ciencia, conocimiento de la palabra de Dios, educarlos en las leyes de Dios, informarles todo lo que nosotros sabemos, para que ellos también teman al Dios que nosotros tememos.

Si tus hijos crecen disciplinados y corregidos, pero sin el temor de Dios, son los primeros que se alejan de Dios al llegar a la adolescencia; hubo disciplina y corrección, pero no instrucción en la palabra de Dios, por lo tanto, no se les enseñó a temer a Dios; este es un grave error que he mirado en muchos padres, el nunca darse tiempo para instruir a sus hijos en la palabra de Dios; ya no estoy hablando de disciplinar o de corregir, ahora estoy hablando de instruir a nuestros hijos en la palabra de Dios.

Dios le dio este mandamiento a Moisés.

> Y estas palabras que yo te mando hoy, estarán sobre tu corazón; y las repetirás a tus hijos, y hablarás de ellas estando en tu casa, y andando por el camino, y al acostarte, y cuando te levantes. (Deuteronomio 6:6-7)

> Y las enseñaréis a vuestros hijos, hablando de ellas cuando te sientes en tu casa, cuando andes por el camino, cuando te acuestes, y cuando te levantes. (Deuteronomio 11:19)

Desde bebés les debemos enseñar a orar por los alimentos, por sus sueños, por los viajes, etc. Mientras ellos van creciendo, debemos asegurarnos de tenerles una Biblia ilustrada, música cristiana para niños; más adelante, tenerles una Biblia normal, siempre tenerles música cristiana en el hogar, enseñarles la importancia de leer libros, la importancia de orar; inculcarles la palabra de Dios de todas las formas que nos sean posibles.

Antes de que tus hijos entren a la adolescencia, asegúrate de que ellos sepan todo en cuanto al pecado, el rapto, la gran tribulación, el juicio de Dios y el infierno; que tengan un claro entendido de todas estas realidades; estas cosas son las que nos tienen a ti y a mi temiendo a nuestro Dios, no tengas miedo de instruir a tus hijos en estas verdades, no se van a traumar, solo necesitan temer a Dios como lo tememos tu y yo.

¿Qué enseñanza les estás dando en estos momentos a tus hijos?

Mientras pastoreaba la iglesia de Navojoa, escuché la historia de una madre que siempre les aconsejaba a sus hijos: ¡No se dejen! ¡No sean maricones! ¡Peleen como hombrecitos! Hoy esos muchachos no salen de las cárceles y la madre está viviendo un infierno en la tierra.

> Mas la vara de la corrección la alejará de él. (Proverbios 22:15)

La mayoría de los padres, cuando se va acercando la navidad, tenemos la buena costumbre de comprarle regalos a nuestros hijos, y es muy importante, pero creo que es mucho más importante regalarles continuamente disciplina, corrección e instrucción en la palabra de Dios; estas tres cosas son el mejor regalo que podemos dar a nuestros hijos mientras ellos están bajo nuestro cuidado, porque seguramente estas tres cosas les preparará un precioso destino aquí en la tierra y uno mejor en la eternidad.

El problema con muchos padres es que viven tan ocupados, que nunca tienen suficiente tiempo para sus hijos; pastores, evangelistas, comerciantes, políticos, padres que todo lo quieren arreglar con el dinero que dan en la casa.

Yo sigo creyendo que los hijos son uno de los regalos más maravillosos que hemos recibido los seres humanos, los hijos son uno de los regalos más importantes y merecen nuestra atención. Si nosotros como padres no trabajamos en ellos, seguramente lo harán los "amigos", los maestros, los filósofos, la policía, etc.

Ejemplo

Cuando nuestros hijos están pequeños, no tienen mucha necesidad de nuestro ejemplo; para ellos su papá es Superman y su mamá es Batichica, pero cuando los hijos empiezan a entrar a la adolescencia ya no nos miran igual, una, porque ellos se sienten autosuficientes y otra, porque a partir de ahí se fijan en nuestras fallas; poco a poco comienzan a descubrir que no somos Superman ni Batichica, que más bien nos parecemos al Chapulín Colorado.

No todo es negativo en esto, nuestros hijos, tarde o temprano se tienen que dar cuenta que no somos perfectos, pero seguramente como padres tenemos la responsabilidad de ser mucho mejores que ellos y así siempre vivir una vida ejemplar para ellos en todas las áreas de la vida.

Como padres cristianos, no hay daño más grande que se les hace a los hijos que nuestro mal ejemplo.

Al paso de los años de mi pastorado, he mirado a padres con sus malos ejemplos hacer pedazos la fe de sus hijos. Padres hablando mal del pastor y de medio mundo delante de sus hijos, padres viviendo una vida carnal, sin oración, sin lectura de la palabra de Dios, padres rebeldes e irreverentes con las cosas de Dios, fallando a los servicios por cualquier cosa, padres que en la iglesia son una cosa, pero en la casa otra, y tantas cosas más; tus hijos miran lo que haces con las predicaciones y con los consejos y exhortaciones del pastor; para los hijos adolescentes es crucial el ejemplo que les damos, va a repercutir en su futuro para bien o para mal, según sea el caso.

¿Qué cristianismo miran en ti tus hijos? A ellos, tú ya no puedes hacerlos tontos, porque el tontito serás tú. Analicemos las siguientes palabras que el Señor Jesucristo les dijo a sus discípulos:

> Porque ejemplo os he dado, para que como yo os he hecho, vosotros también hagáis. (Juan 13:15)

Todo líder debe tener autoridad moral para declararle estas palabras a aquellos que están bajo su responsabilidad; de la misma manera los padres deben tener autoridad moral para declararle a sus hijos estas palabras: ejemplo les he dado, para que como yo lo hago, lo hagan ustedes también.

Disciplina, corrección, instrucción en la palabra de Dios y ejemplo son cuatro herramientas poderosas para criar buenos hijos.

Si quieres tener buenos hijos, no vendrán solos o naturalmente; se necesitará una ardua labor, una labor de años, años de disciplina, años de corrección, años de instrucción en la palabra de Dios y por último, años de ser un buen ejemplo para ellos.

En el antiguo testamento, hay dos hombres que fácilmente pasan desapercibidos, que se les conoció por la paternidad tan tremenda que desarrollaron; uno de ellos fue Hemán.

> Todos éstos fueron hijos de Hemán, vidente del rey en las cosas de Dios, para exaltar su poder; y Dios dio a Hemán catorce hijos y tres hijas. Y todos éstos estaban bajo la dirección de su padre en la música, en la casa de Jehová, con címbalos, salterios y arpas, para el ministerio del templo de Dios. Asaf, Jedutún y Hemán estaban por disposición del rey. (1ª Crónicas 25:5-6)

El otro fue Jonadab, en los tiempos del profeta Jeremías.

> Fue firme la palabra de Jonadab hijo de Recab, el cual mandó a sus hijos que no bebiesen vino, y no lo han bebido hasta hoy, por obedecer al mandamiento de su padre. (Jeremías 35:14)

No tengo la menor duda de que la disciplina, la corrección, la instrucción en la palabra de Dios y el ejemplo, fueron determinantes en estas dos familias y también lo serán en la nuestra.

Para terminar, no quiero pasar por alto a la reina Ester; no cabe duda de que ella fue una mujer de éxito, y su biografía quedó escrita en la palabra de Dios, como ejemplo para el pueblo de Dios de todos los tiempos; Mardoqueo, su primo y padre a la vez, tuvo mucho que ver en este éxito.

> Había en Susa residencia real un varón judío cuyo nombre era Mardoqueo hijo de Jair, hijo de Simei, hijo de Cis, del linaje de Benjamín; el cual había sido transportado de

Jerusalén con los cautivos que fueron llevados con Jeconías rey de Judá, a quien hizo transportar Nabucodonosor rey de Babilonia. Y había criado a Hadasa, es decir, Ester, hija de su tío, porque era huérfana; y la joven era de hermosa figura y de buen parecer. Cuando su padre y su madre murieron, Mardoqueo la adoptó como hija suya. (Ester 2:5-7)

Y Ester, según le había mandado Mardoqueo, no había declarado su nación ni su pueblo; porque Ester hacía lo que decía Mardoqueo, como cuando él la educaba. (Ester 2:20)

Yo creo que podemos tener y criar buenos hijos, pero debemos empezar por preocuparnos seriamente por su destino; esa misma preocupación nos empujará siempre a hacer todo lo necesario como disciplinarlos, corregirlos, instruirlos en la palabra de Dios y por último, ser siempre un buen ejemplo para ellos.

Conclusión

Si ya llegaste hasta aquí, este granito de arena puede cambiar radicalmente tu matrimonio y tu familia, pero será muy importante que pongas atención seriamente a cada una de las enseñanzas que aquí te fueron dadas; si lo haces, este granito de arena será una roca entera, de grande bendición para tu matrimonio; vale la pena examinar cuidadosamente cada una de las enseñanzas. Es tu matrimonio el que está en juego, necesitamos luchar por mantener nuestro matrimonio a flote, sobre este mundo inmoral, donde a cada día el porcentaje de divorcios va en aumento.

No deja de impresionarme la palabra de Dios, un solo libro, pero lleno de las respuestas necesarias para la vida diaria del ser humano; prácticamente nos hemos paseado por toda la Biblia y hemos encontrado muchas riquezas para las enseñanzas de este libro, riquezas para la vida matrimonial y para la vida familiar; ahora hay que ir de la teoría a la práctica.

Oro a Dios para que este libro haya enriquecido tu vida matrimonial. Si crees que ha valido la pena, recomiéndalo, seguramente hay muchos matrimonios necesitados de conocer las verdades de Dios.

Nos vemos en el próximo libro. Dios bendiga tu matrimonio y familia abundantemente.

***Mi granito de arena para los matrimonios**,*
se terminó de imprimir en 2002.
Su segunda edición se terminó de imprimir en
septiembre de 2021.

Made in United States
Orlando, FL
12 February 2025